I0532156

EL
PODER
DE
DIOS

*"Desde el principio no se ha oído decir
que alguno abriese los ojos
a uno que nació ciego.
Si éste no viniera de Dios,
nada podría hacer."*
(Juan 9:32-33)

EL PODER DE DIOS

Dr. Jaerock Lee

URIM
BOOKS

EL PODER DE DIOS, escrito por el Dr. Jaerock Lee
Publicado por Libros Urim (Representante: Seongnam Vin)
235-3, Guro-dong3, Guro-gu, Seúl, Corea
www.urimbooks.com

Todos los derechos reservados. Ninguna parte de esta publicación podrá ser reproducida, procesada en algún sistema que la pueda reproducir, o transmitida en alguna forma o por algún medio electrónico, mecánico, fotocopia, cinta magnetofónica y otro, sin el permiso previo y por escrito de los editores.

A menos que se indique lo contrario, todo el texto Bíblico ha sido tomado de la versión Reina-Valera © 1960 Sociedades Bíblicas en América Latina; © renovado 1988 Sociedades Bíblicas Unidas. Utilizado con permiso. Reina-Valera 1960™ es una marca registrada de la American Bible Society, y puede ser usada solamente bajo licencia.

Derechos de autor © 2012 por el Dr. Jaerock Lee
ISBN: 978-89-7557-552-5
Derechos de traducción © 2012 por la Dra. Esther K. Chung. Usado con permiso.

Publicado originalmente en coreano por Libros Urim en el 2004.

Publicado por primera vez en Abril de 2012

Editado por la Dra. Geumsun Vin
Traducción al español: Franco y Elena de Medina
Diseño por el Departamento Editorial de Libros Urim
Impreso por Yewon Printing Company
Para mayor información contáctese con urimbook@hotmail.com

Prefacio

Ruego para que toda persona pueda experimentar personalmente la poderosa obra del Espíritu Santo a través del poder de Dios el Creador y del Evangelio de Jesucristo...

Quiero expresar todo mi agradecimiento a Dios el Padre, quien nos ha permitido publicar en este libro los mensajes de la 11va Reunión Especial de Avivamiento, la cual duró dos semanas y se llevó a cabo en mayo de 2003, desarrollando el tema 'Poder', en la que Dios fue glorificado en gran manera por medio de muchos testimonios.

Desde 1993, poco después del décimo aniversario de la fundación de nuestra iglesia, durante las dos semanas de servicios de avivamiento que realizamos cada año, Dios sembró un ferviente anhelo en los miembros de la Iglesia Central Manmin por obtener una fe verdadera y alcanzar la madurez espiritual.

Después de la presentación del tema 'Dios es Amor', expuesto en la Reunión de Avivamiento en 1999, Dios permitió que la Iglesia Manmin fuera probada de modo que sus miembros sean bendecidos y lleguen a comprender el verdadero significado del evangelio, cumplan la ley con amor, y se asemejen a nuestro Señor, quien ha manifestado maravillosas obras de Su poder.

Estando al comienzo de un nuevo milenio, a fin de que toda criatura alrededor del mundo experimente el poder de Dios el Creador, conozca el Evangelio de Jesucristo, y la gloriosa obra del Espíritu Santo, Dios nos ha dado la bendición y el privilegio de transmitir los servicios de avivamiento en vivo a través del satélite Moogoonghwa y por medio de la Internet. En el año 2003, aproximadamente 300 iglesias de Corea y quince países participaron en la Reunión de Avivamiento.

El propósito del libro *El Poder de Dios* es describir el proceso por el cual uno conoce a Dios y recibe Su poder, los diferentes niveles de poder, el Altísimo Poder de la Creación que sobrepasa el límite del ser humano, y en qué contexto se manifiesta Su poder.

El poder de Dios el Creador se manifiesta en una persona en la misma medida en que ésta se asemeja a Dios quien es la luz. Además, cuando usted se hace uno en espíritu con Dios, puede manifestar la clase de poder que Jesús manifestaba. Por esta razón en Juan 15:7, nuestro Señor nos dice: *"Si permanecéis en mí, y mis palabras permanecen en vosotros, pedid todo lo que queréis, y os será hecho"*.

Después de haber experimentado personalmente el gozo y la felicidad de haber sido sanado de enfermedades y padecimiento por siete años, para llegar a ser un siervo dedicado totalmente a Dios que manifieste Su poder, ayuné y oré muchas y repetidas veces poco después de que Dios me llamó a Su servicio. Jesús nos dice en Marcos 9:23: *"Si puedes creer, al que cree todo le es posible"*. También creí y oré porque me aferré con todo mi corazón a la promesa de Jesús que dice: *"El que en mí cree, las obras que yo hago, él las hará también; y aun mayores hará, porque yo voy al Padre"* (Juan 14:12). Como resultado, durante las reuniones anuales de avivamiento, Dios nos ha mostrado grandes señales y milagros y ha manifestado Su poder a través de muchas sanidades y prodigios. Además, durante la segunda semana de los servicios de avivamiento del año 2003, Dios manifestó Su poder particularmente en personas con problemas de ceguera, y en los que no podían caminar, escuchar, ni hablar.

Aunque la ciencia médica ha avanzado y cada día sigue descubriendo cosas nuevas, es casi imposible que alguien que ha perdido la vista o capacidad auditiva sea sanado. El Dios Todopoderoso, sin embargo, manifestó grandemente Su poder de modo que tan sólo al orar desde el púlpito, la obra del poder de la creación pudo restaurar nervios y células muertas, y las personas pudieron ver, escuchar, y hablar. Además las personas con columnas vertebrales dobladas se enderezaron, y los que no podían mover sus brazos o piernas empezaron a moverlos de manera que la gente pudo arrojar sus muletas, bastones, y sillas de ruedas, y pudieron levantarse, saltar, y caminar.

La milagrosa obra de Dios también trasciende el tiempo y espacio. Las personas que vieron estos servicios vía satélite y a través de Internet también experimentaron el poder de Dios, y sus testimonios son presentados incluso hasta el día de hoy.

Por esta razón los mensajes predicados en los servicios de avivamiento del año 2003 han sido publicados en un sólo libro. Durante esos días muchísimas personas experimentaron el nuevo nacimiento al escuchar la Palabra de verdad, recibieron una nueva vida, la salvación, respuestas, y sanidad, experimentaron el poder de Dios, y le glorificaron en gran manera.

Agradezco de manera especial a Geumsun Vin, Directora de la Editorial y a su personal, y a la Oficina de Traducciones por su arduo trabajo y dedicación.

Que cada uno de ustedes pueda experimentar el poder de Dios el Creador, el Evangelio de Jesucristo, y la obra poderosa del Espíritu Santo, y que el gozo y felicidad abunden en su vida. ¡Esta es mi oración en el nombre de nuestro Señor!

Jaerock Lee

Introducción

Un libro que debe leer ya que le ayudará a poseer la fe verdadera y a experimentar el poder maravilloso de Dios.

Doy todo mi agradecimiento y gloria a Dios, quien nos ha permitido publicar en un solo libro los mensajes de la 11ᵛᵃ Reunión Especial de Avivamiento la cual duró dos semanas y fue dirigida por el Dr. Jaerock Lee en mayo del año 2003, donde pudimos experimentar el gran poder maravilloso de Dios .

El Poder de Dios bendecirá su vida espiritual abundantemente, pues contiene nueve mensajes del tema 'Poder' predicados en la Reunión de Avivamiento, así como testimonios de varias personas que experimentaron personalmente el poder del Dios viviente y el evangelio de Jesucristo.

En el primer mensaje, titulado 'Para creer en Dios', se describe la identidad de Dios, lo que significa creer en Él y las maneras en las que podemos conocer y experimentar a Dios.

En el segundo mensaje, cuyo título es 'Para creer en el Señor', se habla del propósito de la venida de Jesús a la tierra, por qué Jesús es el Único Salvador, y por qué recibimos la salvación y las respuestas cuándo creemos en el Señor.

El tercer mensaje, 'Un vaso más hermoso que las piedras preciosas', explica detalladamente cómo llegar a ser una vasija de honra, noble y hermosa a la vista de Dios, así como las bendiciones que esa vasija recibe de parte de Dios.

El cuarto mensaje, denominado 'La Luz', habla acerca de la luz espiritual, lo que tenemos que hacer a fin de conocer a Dios que es la luz, y las bendiciones que recibimos cuando caminamos en la luz.

El quinto mensaje, con el título 'El poder de la luz', habla con claridad de los cuatro diferentes niveles del poder de Dios que son manifestados por el ser humano a través de una diversidad de colores de la luz, así como los testimonios reales de varias clases de sanidades manifestadas en cada nivel. Además, al presentar el Altísimo Poder de la Creación, se explican en detalle el poder ilimitado de Dios y las maneras en las que podemos recibir el poder de la luz.

Estudiando el proceso por el cual el ciego de nacimiento recibió la vista al conocer a Jesús, así como los testimonios de varias personas que han recibido la vista y de otras personas que fueron sanadas de problemas de la vista, el sexto mensaje con el tema 'Los ojos de los ciegos se abrirán', le ayudará a comprender el poder de Dios el Creador de una manera más personal.

En el séptimo mensaje, 'Los cojos se levantarán, saltarán y caminarán', se hace un profundo estudio de la historia del paralítico que es llevado a Jesús con la ayuda de sus amigos, se levanta, y camina. Además, el mensaje también ilumina a los lectores acerca de la clase de obras de fe que tienen que mostrar delante de Dios para experimentar esta clase de poder hoy en día.

El octavo mensaje, 'La lengua del mudo cantará de gozo", examina la historia de un sordomudo que recibe la sanidad cuando viene a Jesús, y presenta las maneras en las que nosotros también podemos experimentar dicho poder incluso el día de hoy.

Finalmente, en el noveno mensaje que trata el tema de 'La fiel providencia de Dios', se explican claramente las profecías acerca de los últimos tiempos y la providencia de Dios para la Iglesia Central Manmin, cosas que han sido reveladas por Dios mismo desde el día de su fundación hace más de veinte años.

Ruego que a través de este libro muchas personas puedan obtener una fe verdadera, siempre experimenten el poder de Dios el Creador, y sean usados como vasos del Espíritu Santo y obtengan Su Providencia, ¡es mi oración en el nombre de nuestro Señor Jesucristo!

Geumsun Vin
Directora de la Editorial

Contenido

Mensaje 1

Para creer en Dios

Hebreos 11:3

Por la fe entendemos haber sido
constituido el universo por la palabra de Dios,
de modo que lo que se ve fue hecho
de lo que no se veía.

Desde la primera Reunión Especial de Avivamiento llevada a cabo en 1993, miles de personas han experimentado personalmente el gran poder y la obra de Dios, por la cual enfermedades que no podían ser sanadas por la medicina moderna fueron curadas y otros problemas de salud que no podían ser resueltos por la ciencia fueron solucionados. En los últimos 17 años, como leemos en el libro de Marcos 16:20, Dios ha confirmado Su palabra por medio de las señales que la acompañan.

A través de estos mensajes de significativo y valioso contenido espiritual acerca de la fe, la justicia, la carne y el espíritu, la bondad y la luz, el amor, y otros temas parecidos, Dios ha guiado a varios miembros de la Iglesia Manmin a un profundo conocimiento del reino espiritual. Además, a través de cada uno de nuestros servicios de avivamiento, Dios nos ha permitido presenciar su poder de una manera directa de modo que ahora nuestras reuniones son vistas y escuchadas en todo el mundo.

Jesús nos dice en Marcos 9:23: *"Si puedes creer, al que cree todo le es posible"*. Por lo tanto, si poseemos una fe verdadera, nada nos será imposible y tendremos las respuestas a todas las cosas que pidamos en oración.

¿Pero, qué es lo que debemos creer y de qué manera hemos de creerlo? Si no conocemos a Dios ni creemos en Él correctamente, no podremos experimentar Su poder y será muy difícil recibir las respuestas de parte de Él. Por esta razón es sumamente importante que entendamos y creamos correctamente.

¿Quién es Dios?

En primer lugar, Dios es el autor de los sesenta y seis libros de la Biblia. 2 de Timoteo 3:16 nos recuerda: *"Toda la Escritura es inspirada por Dios"*. La Biblia consta de sesenta y seis libros y se calcula que ha sido escrita por treinta y cuatro diferentes personas durante un período de 1.600 años. Sin embargo, lo más asombroso de cada libro de la Biblia es que, a pesar de que fueron escritos por muchas diferentes personas durante varios siglos, desde el libro de Génesis hasta Apocalipsis son congruentes y guardan perfecta relación entre sí. En otras palabras, la Biblia es la Palabra de Dios escrita bajo la inspiración divina por diferentes personas que Él escogió en los diferentes períodos de la historia, y es a través de la Biblia que se revela a la humanidad. Es por eso que los que creen que la Biblia es la Palabra de Dios y la obedecen, pueden experimentar las bendiciones y la gracia que Él ha prometido.

En segundo lugar, Dios se identifica como *"YO SOY EL QUE SOY"* (Éxodo 3:14). A diferencia de los ídolos creados por la imaginación del hombre o esculpidos por su mano, nuestro Dios es el verdadero Dios que ha existido desde antes de la eternidad hasta la eternidad. También, podemos describir a Dios como la esencia del amor (1 Juan 4:16), la luz (1 Juan 1:5), y el juez de todas las cosas al final de los tiempos.

Sin embargo, principalmente, debemos recordar que Dios, con Su maravilloso poder, creó todas las cosas que existen en los cielos y la tierra. Él es el Todopoderoso que constantemente ha manifestado Su grandioso poder desde el principio de la creación hasta el día de hoy.

El Creador de todas las cosas

En Génesis 1:1, descubrimos que *"En el principio creó Dios los cielos y la tierra"*. Hebreos 11:3 nos dice: *"Por la fe entendemos haber sido constituido el universo por la palabra de Dios, de modo que lo que se ve fue hecho de lo que no se veía"*.

En el principio, el universo estaba totalmente vacío, pero por el poder de Dios fueron creadas todas las cosas que ahora existen. Por Su poder, Dios creó el sol y la luna en el cielo, las plantas y árboles, aves y animales, peces en el mar, y la humanidad.

A pesar de este hecho, a muchas personas les resulta muy difícil creer en Dios el Creador porque el concepto de la creación es demasiado contrario al conocimiento o a la experiencia que han adquirido en el mundo. Por ejemplo, en la mente de tales personas, no es posible que todas las cosas en el universo hayan sido creadas de la nada por el mandato de Dios. Es por eso que surgió la teoría de la evolución. Los que creen en esta teoría argumentan que un organismo viviente cobró vida por casualidad, evolucionó por sí sólo, y se multiplicó. Si las personas niegan que Dios es el creador del universo con tales marcos conceptuales, tampoco podrán creer en las demás enseñanzas de la Biblia. No pueden creer en la existencia del Cielo y del Infierno porque nunca han estado ahí, y no aceptan que el Hijo de Dios nació como hombre, murió, resucitó y ascendió al Cielo.

Sin embargo, a medida que la ciencia avanza nos damos cuenta que el falso concepto de la evolución es desmentido mientras que la legitimidad de la creación continúa ganando terreno. Aunque no existan muchas evidencias científicas, hay una gran cantidad de ejemplos que dan testimonio de la creación.

Evidencias irrefutables
de la existencia de Dios el Creador

Aquí tenemos un ejemplo: existen más de doscientos países e

incluso una gran cantidad de diferentes grupos étnicos en el mundo. Sin embargo, sin tener en cuenta si son de raza blanca, negra o amarilla, todos tienen dos ojos, dos orejas, una nariz, y dos fosas nasales. Este ejemplo no sólo se aplica a los seres humanos sino también a los reptiles, mamíferos, a las aves y a los peces en el mar. No por el hecho de que la trompa de un elefante es muy grande y enorme, este tiene más de dos fosas nasales. Todos los seres humanos, animales, aves y los peces tienen una boca, y está ubicada en el mismo lugar. Hay algunas pequeñas diferencias con respecto a la posición de cada órgano entre las diferentes especies, pero en casi todos los casos tienen la misma forma y están en el mismo lugar.

¿Cómo pudo haber ocurrido todo esto "por casualidad"? Esta es una clara evidencia que un Creador diseñó y dio origen a las diferentes razas de personas, a los animales, aves y peces. Si hubiera más de un creador, la apariencia y estructura de los seres vivientes hubieran sido diferentes de acuerdo a la cantidad y diseños de los creadores. Sin embargo, ya que nuestro Dios es el único Creador, todos los seres vivos fueron creados de acuerdo a un diseño idéntico.

Además podemos encontrar muchísimas evidencias más en la naturaleza y en el universo, lo cual nos conlleva a creer que Dios es el Creador de todo. Como nos dice el libro de Romanos 1:20: *"Porque las cosas invisibles de él, su eterno poder y deidad, se hacen claramente visibles desde la creación del mundo, siendo entendidas por medio de las cosas hechas, de modo que no tienen excusa"*, Dios diseñó y creó todas las cosas de modo que la verdad de Su existencia no pueda ser negada o refutada.

En Habacuc 2:18-19, Dios nos dice: *"¿De qué sirve la escultura que esculpió el que la hizo? ¿La estatua de fundición que enseña mentira, para que haciendo imágenes mudas confíe el hacedor en su obra? ¡Ay del que dice al palo: Despiértate; y a la piedra muda: Levántate! ¿Podrá él enseñar? He aquí está cubierto de oro y plata, y no hay espíritu dentro de él"*. Si alguno de ustedes ha servido o creído en ídolos antes de conocer a Dios, debe arrepentirse de sus pecados con un corazón contrito y humillado.

Evidencias bíblicas por las cuales indudablemente podemos creer en Dios el Creador

Aún hay muchas personas que no pueden creer en Dios a pesar de haber tantas evidencias a su alrededor. Por esta razón, al manifestar Su poder, Dios nos ha mostrado abundantes claras e innegables evidencias de su existencia. Por medio de milagros que no pueden ser producidos por el hombre, Dios ha permitido que la humanidad crea en Su existencia y en sus maravillosas obras.

En la Biblia, hay ejemplos muy interesantes en los que el poder de Dios fue manifestado. El Mar Rojo se dividió, el sol se detuvo o retrocedió, y fuego cayó del cielo. El agua amarga en el desierto se convirtió en agua dulce para beber y de una roca brotó agua. Muertos resucitaron, enfermedades fueron sanadas, y batallas a punto de ser perdidas fueron ganadas.

Cuando las personas creen en el Dios Todopoderoso y le piden Su ayuda, pueden experimentar Su incomparable poder. Es por eso que Dios registró en la Biblia muchos ejemplos en los que manifestó Su poder y ahora nos da Sus bendiciones para que de este modo podamos creer.

Sin embargo, las obras de Su poder no solamente se encuentran registradas en la Biblia. Puesto que Dios es inmutable, a través de muchas señales, maravillas y poderosas obras, está manifestando Su poder a través de verdaderos creyentes en todo el mundo el día de hoy; Él nos lo prometió. En Marcos 9:23, Jesús nos asegura: *"Si puedes creer, al que cree todo le es posible"*. En Marcos 16:17-18, nuestro Señor nos recuerda: *"Y estas señales seguirán a los que creen: En mi nombre echarán fuera demonios; hablarán nuevas lenguas; tomarán en las manos serpientes, y si bebieren cosa mortífera, no les hará daño; sobre los enfermos pondrán sus manos, y sanarán"*.

El poder de Dios manifestado
en la Iglesia Central Manmin

La iglesia en la cual sirvo a Dios como pastor principal, la Iglesia Central Manmin, ha manifestado repetidamente las obras del poder de Dios el Creador al esforzarse por difundir el evangelio a los lugares más apartados del mundo. Desde su fundación en 1982 hasta el día de hoy, Manmin ha guiado a muchas personas al camino de la salvación por medio del poder de Dios el Creador. La obra más notable del Poder de Dios se ha manifestado al sanar enfermedades y dolencias. Muchas personas con enfermedades aparentemente 'incurables' tales como el cáncer, tuberculosis, parálisis, parálisis cerebral, hernias, artritis, leucemia, y otras enfermedades parecidas han sido sanadas. Muchas personas han sido liberadas de los demonios, cojos se levantaron y empezaron a caminar y a correr, y los que habían estado paralizados a causa de diferentes accidentes fueron totalmente sanados. Además, inmediatamente después de recibir la oración, los que habían sufrido de graves quemaduras fueron sanados sin que les quedara ningún tipo de horrible cicatriz. Algunos que no podían moverse y que estaban en una condición vegetal causada por una hemorragia cerebral o por intoxicación con gas venenoso volvieron a la normalidad en ese momento. También otros que ya habían dejado de respirar volvieron a la vida después de recibir la oración.

"¡Cuán agradecido estuve
cuando salvaste mi vida...!
Pensaba que dependería de mis muletas
por el resto de mi vida...

Ahora, puedo caminar...
¡Padre, Padre te agradezco!"

La Diaconisa Johanna Park,
quién iba a quedar minusválida toda la vida,
arroja sus muletas y camina
después de recibir la oración.

Muchas mujeres que no podían tener hijos después de cinco, siete, diez, incluso veinte años de matrimonio, recibieron la bendición de concebir después de recibir la oración. Innumerables personas que no habían podido escuchar, ver ni hablar glorificaron grandemente a Dios después de recuperar sus facultades por medio de la oración. Aunque la ciencia y la medicina han avanzado a pasos agigantados año tras año, siglo tras siglo, aún no hay recuperación para los nervios muertos y no existe cura para la ceguera de nacimiento o sordera. Sin embargo, el Dios Todopoderoso puede hacer cualquier cosa, puesto que Él crea las cosas de la nada.

Yo personalmente he experimentado el poder de Dios Todopoderoso; había estado al borde de la muerte durante siete años antes de llegar a creer en Él. Tenía dolencias en todas partes de mi cuerpo, excepto en mis ojos, así que era conocido como 'la fábrica de enfermedades'. Sin ningún resultado, probé la medicina oriental y occidental, la medicina de rehabilitación para los leprosos, hierbas de toda clase, vejigas de osos y de perros, ciempiés, e incluso aguas residuales. Hice todo lo que pude durante esos siete angustiosos años, pero no logré ser sanado. Estando en gran desesperación en la primavera del año 1974, tuve una experiencia increíble. En el momento que conocí a Dios, me sanó de todas mis enfermedades y dolencias. Desde entonces, Dios siempre me ha protegido de toda clase de

*"Anhelo estar contigo,
Padre, pero ¿que pasará
con mis seres queridos
cuando me haya ido?
Señor, si me das una nueva vida,
te la dedicaré a Ti..."*

El Anciano Moonki Kim,
quien había quedado inconsciente a causa
de una apoplejía cerebral,
recupera el conocimiento y se levanta
después de la oración del Dr. Jaerock Lee

enfermedades. Incluso si sentía cierto malestar en alguna parte de mi cuerpo, después de orar con fe, Dios me sanaba inmediatamente.

Aparte de mi familia y yo, sé que muchos miembros de Manmin creen sinceramente en el Dios Todopoderoso y por lo tanto, siempre están físicamente sanos y no necesitan de la medicina. En gratitud por la misericordia de Dios el Sanador, muchas personas que han sido sanadas están ahora sirviendo en la iglesia como fieles ministros de Dios, ancianos, diáconos y diaconisas, y predicadores.

El poder de Dios no sólo se limita a la sanidad de enfermedades y dolencias. Desde la fundación de la iglesia en 1982, muchos miembros de Manmin han sido testigos de innumerables casos en los que la oración con fe en el poder de Dios controló el clima deteniendo fuertes lluvias, protegió a miembros de Manmin con nubes durante días extremadamente calurosos, e hizo que los tifones se extinguieran o cambiaran su curso. Por ejemplo, cada julio y agosto la iglesia realiza grandes retiros a nivel de toda la iglesia. Aunque otros lugares en Corea del Sur sufran daños ocasionados por tifones e inundaciones, las zonas y partes del país donde se llevan a cabo los retiros casi siempre permanecen a salvo de las fuertes lluvias y de otros desastres naturales. Muchos hermanos de la Iglesia Manmin ven constantemente el arco iris, incluso en días que no ha llovido.

Incluso hay un aspecto más asombroso del poder de Dios. La

obra de su poder se manifiesta aún cuando no oro directamente por los enfermos. Miles de personas han glorificado a Dios en gran manera después de recibir la sanidad y bendiciones a través de la 'Oración por los Enfermos' para toda la congregación desde el púlpito, y a través de la oración grabada en casetes, transmisiones por Internet, y mensajes telefónicos.

En Hechos 19:11-12 dice lo siguiente: *"Y hacía Dios milagros extraordinarios por mano de Pablo, de tal manera que aun se llevaban a los enfermos los paños o delantales de su cuerpo, y las enfermedades se iban de ellos, y los espíritus malos salían"*. Del mismo modo, el maravilloso poder de Dios se manifiesta a través de los pañuelos sobre los cuales he orado.

También, cuando pongo mis manos y oro sobre las fotografías de los enfermos, ocurren sanidades que trascienden el tiempo y el espacio en todo el mundo. De esta manera, cuando llevo a cabo una cruzada en otros países, toda clase de enfermedades y dolencias, tales como el mortal SIDA, son sanados en un instante por el poder de Dios que trasciende el tiempo y el espacio.

Para experimentar el poder de Dios

¿Significa esto que cualquier persona que cree en Dios puede experimentar las obras maravillosas de Su poder y recibir respuestas y bendiciones? Muchos profesan su fe en Dios, pero no todos experimentan el poder de Dios en sus vidas. Usted puede experimentar Su poder solamente cuando su fe en Dios es evidente por sus obras y es Dios quien dice de usted: "Sé que crees en mí".

Dios considerará como 'fe' el simple hecho de que uno escuche una predicación y asista a un servicio de adoración. No obstante, para poseer la fe verdadera con la que usted puede recibir sanidad y las respuestas a sus oraciones, debe saber quién es Dios y conocer por qué Jesús es nuestro Salvador, así como conocer la existencia de Cielo y el Infierno. Cuando usted comprenda estas verdades, se arrepienta de sus pecados, acepte a Jesús como su Salvador y reciba el Espíritu Santo, recibirá el derecho de ser un hijo de Dios. Este es el primer paso hacia la fe verdadera.

Los cristianos que poseen una fe verdadera mostrarán obras que confirmen dicha fe. Dios verá sus obras de fe y concederá los deseos de sus corazones. Los que experimentan la obra de Su poder manifiestan las evidencias de su fe en él y son aprobados por Él.

Agradar a Dios con obras de fe

He aquí algunos ejemplos de la Biblia. Primero: en 2 Reyes 5 encontramos la historia de Naamán, general del ejército del rey de Siria. Naamán experimentó la obra del poder de Dios después de demostrar obras de su fe al obedecer al Profeta Eliseo, a través de quien Dios hablaba.

Naamán era un general muy distinguido del reino de Aram. Sin embargo, como era leproso, fue a buscar a Eliseo, de quien se decía realizaba grandes milagros. Pero cuando tan influyente y renombrado general como Naamán llegó a Eliseo con una gran cantidad de oro, plata y ropa, el profeta simplemente envió un mensajero a Naamán, el cual le dijo: "Ve y lávate siete veces en el Jordán, y tu carne se te restaurará, y serás limpio".

En un principio Naamán estaba visiblemente enfadado, en especial porque el profeta Eliseo no lo recibió como un general se merecía. Además, en lugar de que Eliseo ore por él, se le dijo que se lave en el río Jordán. Sin embargo, Naamán rápidamente cambió de opinión y obedeció. Aunque las palabras de Eliseo no eran de su agrado y eran todo lo contrario a lo que él esperaba, Naamán estaba decidido por lo menos, a obedecer a un profeta de Dios.

En el momento en que Naamán se lavó seis veces en el río Jordán, no hubo ningún cambio visible de su lepra. Sin embargo, cuando Naamán se sumergió por séptima vez en el Jordán, su carne fue restaurada y quedó limpio como la carne de un niño (v. 14).

Espiritualmente el 'agua' simboliza la Palabra de Dios. El hecho de que Naamán se sumergiera en el río Jordán significa que, por obediencia a Su Palabra, Naamán fue purificado de sus pecados. Asimismo el número '7' significa perfección; el hecho de que Naamán descendiera en el río 'siete veces' quiere decir que el general recibió el perdón de todos sus pecados.

De la misma manera, si anhelamos recibir las respuestas de Dios, primero debemos arrepentirnos totalmente de todos nuestros pecados, de la forma que lo hizo Naamán. Sin embargo, el arrepentimiento no implica simplemente decir: "Me arrepiento... He hecho lo malo". Usted debe 'rasgar su corazón' (Joel 2:13). Además, cuando usted se arrepiente totalmente de sus pecados, debe decidir nunca más cometer el mismo pecado. Solamente entonces la muralla del pecado entre usted y Dios será destruida, la felicidad brotará de su interior, sus problemas serán resueltos, y recibirá las respuestas a las peticiones de su corazón.

Segundo: en 1 Reyes 3 vemos al Rey Salomón ofreciendo a Dios mil holocaustos. A través de esta ofrenda, Salomón demostró con obras que tenía la fe suficiente para que Dios le respondiera, y por ello no sólo recibió de parte de Dios lo que pidió, sino también lo que no había pedido.

Para que Salomón ofreciera a Dios mil holocaustos, se

requería mucho esfuerzo y dedicación. Para cada ofrenda, el rey tuvo que capturar animales y prepararlos. ¿Puede imaginarse cuánto tiempo, esfuerzo y dinero habría costado dar tales ofrendas mil veces? La clase de dedicación que Salomón demostró no habría sido posible si el rey no hubiera tenido una fe verdadera en el Dios viviente.

Cuando Dios vio la dedicación de Salomón, le concedió no sólo sabiduría, la cual el rey había pedido en un principio sino también riqueza y honor, de manera que en su vida no tuvo igual entre los reyes.

Tercero: en Mateo 15 está la historia de una mujer Sirofenicia cuya hija estaba poseída por un demonio. Vino a Jesús con un corazón humilde y decidido; pidió a Jesús la sanidad, y al final recibió el deseo de su corazón. Sin embargo, a la sincera súplica de la mujer, Jesús no respondió inmediatamente: "Muy bien, tu hija está sana", sino que, dijo a la mujer: *"No está bien tomar el pan de los hijos, y echarlo a los perrillos"* (v. 26). Comparó a la mujer con un perro. Si la mujer no hubiera tenido fe, se habría avergonzado o enfadado terriblemente. Por el contrario, esta mujer tenía la fe que le aseguraba la respuesta de Jesús, y no se sintió decepcionada ni desanimada. Por el contrario, se aferró a Jesús aún con más humildad. *Sí, Señor* —dijo la mujer a Jesús— *pero aun los perrillos comen de las migajas que caen de la mesa de sus amos.* Al oír esto, Jesús se maravilló enormemente de la fe de esta mujer e inmediatamente sanó a su hija poseída por un demonio.

De igual modo, si queremos recibir la sanidad y las respuestas, debemos tener una fe firme y persistente. Además, si usted posee la fe por la que puede recibir Sus respuestas, debe venir personalmente delante de Dios.

Por supuesto, ya que el poder de Dios se manifiesta grandemente en la Iglesia Central Manmin, es posible recibir sanidad por medio del pañuelo o fotos de la persona enferma. Sin embargo, a no ser que el que está enfermo se encuentre en un estado crítico o en otro país, debe venir personalmente delante de Dios. Uno puede experimentar el poder de Dios solamente después de escuchar Su palabra y obtener fe. Por el contrario, si una persona sufre de retraso mental o está poseída por un demonio y por lo tanto no puede acercase a Dios por su propia fe, entonces como la mujer Sirofenicia, sus padres o familiares deben venir ante Dios intercediendo a su favor con amor y fe.

Además de estos ejemplos, hay muchas otras evidencias de fe. Por ejemplo, en el rostro de una persona que posee fe por la que puede recibir respuestas, la felicidad y gratitud serán siempre visibles. En Marcos 11:24, Jesús nos dice: *"Por tanto, os digo que todo lo que pidiereis orando, creed que lo recibiréis, y os vendrá"*. Si usted tiene una fe verdadera, solamente podrá estar feliz y agradecido en todo momento. Además, si profesa creer en

Dios, obedecerá y vivirá de acuerdo a Su Palabra. Y como Dios es luz, se esforzará por caminar en la luz y por vivir una vida transformada.

Dios se deleita de nuestras obras de fe y concede los deseos de nuestros corazones. ¿Tiene usted la clase y medida de fe que Dios acepta?

En Hebreos 11:6 se nos recuerda: *"Pero sin fe es imposible agradar a Dios; porque es necesario que el que se acerca a Dios crea que le hay, y que es galardonador de los que le buscan."*

Pido a Dios en oración en el nombre de Nuestro Señor Jesucristo, que usted entienda lo que verdaderamente significa creer en Dios y ofrezca una clara evidencia de su fe, para que pueda agradarle, experimente Su poder, y disfrute una vida llena de bendiciones.

Hebreos 12:1-2

Por tanto, nosotros también, teniendo
en derredor nuestro tan grande nube de testigos,
despojémonos de todo peso y del pecado
que nos asedia,
y corramos con paciencia la carrera
que tenemos por delante,
puestos los ojos en Jesús,
el autor y consumador de la fe,
el cual por el gozo puesto delante de él sufrió la cruz,
menospreciando el oprobio, y se sentó
a la diestra del trono de Dios.

Muchas personas en la actualidad han escuchado hablar de Jesucristo. Sin embargo, una gran cantidad de personas no saben por qué Jesús es el único Salvador de la humanidad o por qué recibimos la salvación solamente al creer en Jesucristo. Lo que es aún más triste: hay algunos cristianos que no pueden responder a estas dos preguntas, aunque están directamente relacionadas con el tema de la salvación. Esto quiere decir que estos cristianos están llevando sus vidas en Cristo sin comprender verdaderamente el significado espiritual de estos temas.

Por lo tanto, solamente cuando llegamos a comprender por qué Jesús es nuestro único Salvador y lo que significa aceptarle como Salvador y creer en Él, y tenemos una fe verdadera, podremos experimentar el poder de Dios.

Algunas personas sólo consideran a Jesús como un gran profeta. Otros simplemente creen que fue el fundador del cristianismo, o que fue un hombre muy altruista que hizo muchas obras buenas durante su vida.

Sin embargo, los que somos hijos de Dios sí podemos confesar que Jesús es el Salvador de la humanidad que redimió al ser humano de sus pecados. ¿Cómo nos atreveríamos a comparar al Unigénito Hijo de Dios, Jesucristo, con un ser humano, el cual es mortal y perece? Incluso en los tiempos de Jesús, podemos leer que las personas tenían diversos conceptos acerca de Él.

El Hijo de Dios el Creador, el Salvador

En Mateo 16 hay una escena en la cual Jesús preguntó a sus discípulos: *"¿Quién dicen los hombres que es el Hijo del Hombre?"* (v. 13). Al citar las diferentes respuestas de la gente, los discípulos contestaron: *"Unos, Juan el Bautista; otros, Elías; y otros, Jeremías, o alguno de los profetas"* (v. 14). Él les dijo: *"Y vosotros, ¿quién decís que soy yo?"* (V. 15). Cuando Pedro contestó diciendo: *"Tú eres el Cristo, el Hijo del Dios viviente"* (v. 16), Jesús le respondió: *"Bienaventurado eres, Simón, hijo de Jonás, porque no te lo reveló carne ni sangre, sino mi Padre que está en los cielos"* (v. 17). Al ver las numerosas obras del poder de Dios que Jesús manifestaba, Pedro tenía la certeza de que Él era el Hijo de Dios el Creador y el Cristo, el Salvador de la humanidad.

En el principio, Dios formó al hombre del polvo a Su propia imagen y lo puso en el Huerto del Edén donde estaban el árbol de la vida y el árbol de la ciencia del bien y del mal, y mandó Jehová Dios a Adán, diciendo: *"De todo árbol del huerto podrás comer; mas del árbol de la ciencia del bien y del mal no comerás; porque el día que de él comieres, ciertamente morirás"* (Génesis 2:16-17).

Después de mucho tiempo, Adán y Eva fueron tentados por la serpiente, la cual fue incitada por Satanás, y desobedecieron el mandato de Dios. Al final, comieron del árbol de la ciencia del bien y del mal y fueron expulsados del Huerto del Edén.

Como consecuencia de su desobediencia, los descendientes de Adán y Eva heredaron su naturaleza pecaminosa. Además, conforme Dios le dijo a Adán que ciertamente habría de morir, todos sus descendientes nacieron con el espíritu muerto y, por lo tanto, condenados a la muerte eterna.

Sabiendo que esto ocurriría, antes de la fundación del mundo, Dios preparó el camino de la salvación: el Hijo de Dios el Creador, Jesucristo. Como nos dice Hechos 4:12: *"Y en ningún otro hay salvación; porque no hay otro nombre bajo el cielo, dado a los hombres, en que podamos ser salvos"*, tan sólo Jesucristo, nadie más en el mundo, tiene la potestad para ser el Salvador de la humanidad.

La Providencia de Dios oculta antes de la creación

1 Corintios 2:6-7 nos dice: *"Sin embargo, hablamos sabiduría entre los que han alcanzado madurez; y sabiduría, no de este siglo, ni de los príncipes de este siglo, que perecen. Más hablamos sabiduría de Dios en misterio, la sabiduría oculta, la cual Dios predestinó antes de los siglos para nuestra gloria"*. 1 Corintios 2:8-9 también nos recuerda lo siguiente:

"Porque si la hubieran conocido, nunca habrían crucificado al Señor de gloria. Antes bien, como está escrito: Cosas que ojo no vio, ni oído oyó, ni han subido en corazón de hombre, son las que Dios ha preparado para los que le aman". Debemos entender que el camino de la salvación que Dios ha preparado para la humanidad antes de la fundación del mundo es el camino de la cruz por medio de Jesucristo, y esta es la sabiduría de Dios que ha estado oculta.

Puesto que Dios es el Creador de todas las cosas, Él siempre tiene todo el control del universo y de la historia de la humanidad. Un rey o presidente gobiernan su país de acuerdo a la ley de esa nación; el Director General de una organización dirige su compañía de acuerdo a las normas directivas de la compañía; y un padre de familia gobierna su familia de acuerdo a las reglas de la familia. De igual manera, aunque Dios es el dueño absoluto de todas las cosas en el universo, siempre gobierna de acuerdo con la ley del reino espiritual tal como lo podemos encontrar en la Biblia.

De acuerdo a la regla del reino espiritual, hay una ley que dicta: *"La paga del pecado es muerte"* (Romanos 6:23), la cual castiga al culpable, y también hay una ley que puede redimirnos de nuestros pecados. Por esta razón Dios aplicó la ley que nos salva del pecado a fin de restituir la autoridad que el enemigo, el diablo, había ganado por causa de la desobediencia de Adán.

¿Cuál era la ley por la cual la humanidad podía ser redimida y podía restituir la autoridad que el primer hombre Adán cedió al enemigo el diablo? De acuerdo a la 'ley de la redención de la propiedad', Dios preparó el camino de la salvación para la humanidad antes de la creación del mundo.

Jesús está calificado para redimirnos de acuerdo a la ley de la redención de la propiedad

Dios dio a los israelitas la 'Ley de la redención de la propiedad', la cual determinaba lo siguiente: la propiedad no se vendería permanentemente; y, si uno era pobre y vendía su posesión, su pariente más cercano o la persona misma venía y rescataba su propiedad, de este modo restituía su heredad (Levítico 25:23-28).

En Su omnisciencia, Dios sabía que Adán, por su desobediencia, cedería al diablo la autoridad que recibió de Dios. Además, puesto que es el verdadero y único Dueño de todas las cosas en el universo, Dios cedió al diablo la autoridad y la gloria que Adán una vez había poseído, como exigía la ley del reino espiritual. Esto explica por qué cuándo el diablo tentó a Jesús en Lucas 4 y le mostró todos los reinos del mundo, pudo decirle: *"A ti te daré toda esta potestad, y la gloria de ellos; porque a mí me ha sido entregada, y a quien quiero la doy"* (Lucas 4:6).

De acuerdo a ley de la redención de la propiedad, Dios es el dueño de toda la tierra. Por lo tanto, el hombre nunca puede vender ninguna propiedad de modo definitivo, y cuando aparece una persona con las condiciones necesarias para redimir, las propiedades vendidas deben ser restituidas a esa persona. De igual modo, todas las cosas en el universo pertenecen a Dios, de modo que Adán no podía 'venderlas' de forma definitiva, y el diablo tampoco podía poseerlas para siempre. Por lo tanto, si se presentaba alguien quien pudiera redimir o restablecer la autoridad perdida de Adán, al diablo no le quedaría otra opción sino entregar la autoridad que había recibido de Adán.

Antes de la creación, el Dios de justicia preparó a un hombre sin mancha ni pecado que cumpliese las exigencias de la ley de la redención de la propiedad, y ese camino de la salvación para la humanidad es Jesucristo.

¿Pero, de qué manera, de acuerdo a la ley de la redención de la propiedad, podía Jesucristo restituir la autoridad que había sido transferida al enemigo diablo? Solamente cuando Jesús cumplió con los siguientes cuatro requisitos, pudo salvar a todos hombres del pecado y restituir la autoridad que había sido cedida al enemigo diablo.

Primero: el redentor tenía que ser un 'pariente más cercano' de Adán.

Levítico 25:25 nos dice: *"Cuando tu hermano*

empobreciere, y vendiere algo de su posesión, entonces su pariente más próximo vendrá y rescatará lo que su hermano hubiere vendido". Puesto que sólo 'el pariente más próximo' podía redimir la propiedad, a fin de restaurar la autoridad que Adán había perdido, ese 'pariente más próximo' debía ser un hombre. 1 Corintios 15:21-22 declara: *"Porque por cuanto la muerte entró por un hombre, también por un hombre la resurrección de los muertos. Porque así como en Adán todos mueren, también en Cristo todos serán vivificados"*. En otras palabras, ya que la muerte entró a causa de la desobediencia de un hombre, la resurrección del espíritu también debe alcanzarse a través de un hombre.

Jesucristo es 'el Verbo que se hizo carne' y vino a la tierra (Juan 1:14). Él es el hijo de Dios, quien se hizo carne y tuvo la naturaleza divina y humana. Además su nacimiento es un hecho histórico y hay muchas evidencias que dan fe de este hecho. Particularmente, la historia de la humanidad está dividida en dos importantes y marcados períodos: 'A. C. o Antes de Cristo' y 'D. C. o Después de Cristo', lo cual en latín (Anno Domini) significa 'en el año de nuestro Señor'.

Puesto que Jesucristo vino al mundo en carne, es el 'pariente más próximo' de Adán y cumple con el primer requisito.

Segundo: el redentor no debe ser descendiente de Adán.

Para que alguien rescate a otros de sus pecados, él mismo no debe ser pecador. Todos los descendientes de Adán, quien también llegó a ser pecador a causa de su desobediencia, son pecadores. Por lo tanto, de acuerdo a ley de la redención de la propiedad, el redentor no debe ser un descendiente de Adán.

En Apocalipsis 5:1-3 leemos lo siguiente:

> *"Y vi en la mano derecha del que estaba sentado en el trono un libro escrito por dentro y por fuera, sellado con siete sellos. Y vi a un ángel fuerte que pregonaba a gran voz: ¿Quién es digno de abrir el libro y desatar sus sellos? Y ninguno, ni en el cielo ni en la tierra ni debajo de la tierra, podía abrir el libro, ni aun mirarlo".*

En este caso el libro 'sellado con siete sellos' se refiere a un contrato acordado entre Dios y el diablo después de la desobediencia de Adán, y el único que es 'digno de abrir el libro y desatar sus sellos' debe cumplir con las exigencias de la ley de redención de la propiedad. Cuando el apóstol Juan buscó a alguien quien pudiese abrir el libro y desatar sus sellos, no pudo encontrar a nadie.

Juan miró al cielo y vio ángeles pero no había ningún hombre. Miró la tierra y sólo vio pecadores que iban camino al Infierno y a huestes espirituales de maldad del diablo. Juan lloraba mucho porque no había nadie quien reuniese las condiciones para ser el Redentor de acuerdo a la ley de redención de la propiedad (versículo 4).

Entonces uno de los ancianos consoló a Juan, y le dijo: *"No llores. He aquí que el León de la tribu de Judá, la raíz de David, ha vencido para abrir el libro y desatar sus siete sellos"* (v. 5). En este caso, 'el León de la tribu de Judá, la raíz de David' se refiere a Jesús, que es de la tribu de Judá y de la casa de David; Jesucristo cumple todos los requisitos para ser el redentor de acuerdo a la ley de redención de la propiedad.

En Mateo 1:18-21, encontramos una descripción detallada del nacimiento de nuestro Señor:

"El nacimiento de Jesucristo fue así: Estando desposada María su madre con José, antes que se juntasen, se halló que había concebido del Espíritu Santo. José su marido, como era justo, y no quería infamarla, quiso dejarla secretamente. Y pensando él en esto, he aquí un ángel del Señor le apareció en sueños y le dijo: José, hijo de David, no temas recibir a María tu mujer, porque lo que en ella es engendrado, del Espíritu Santo es. Y dará a luz un hijo, y llamarás su nombre JESÚS, porque él salvará a su pueblo de sus pecados".

La razón por la cual el Unigénito Hijo de Dios vino a este mundo en carne (Juan 1:14) por medio de la virgen María, es porque Jesús tenía que ser hombre pero no debía ser descendiente de Adán, para que así pudiera cumplir con las exigencias de la ley de la redención de la propiedad.

Tercero: el redentor debe tener poder.

Imagine que un hermano menor llega a ser muy pobre y vende su tierra, y el hermano mayor quiere redimir la propiedad para su hermano menor. Entonces, el hermano mayor debe tener los medios suficientes para comprarla (Levítico 25:26). De igual manera, si el hermano menor tiene una gran deuda y su hermano mayor quiere pagarla, el hermano mayor puede hacerlo si tiene 'los medios suficientes', no sólo el deseo o intención de querer ayudar.

De la misma manera, para transformar a un pecador en un hombre justo, se necesitan 'los medios suficientes' o el poder. En este caso el poder para rescatar la tierra espiritualmente se refiere al poder para rescatar a toda la humanidad del pecado. En otras palabras, el redentor de todos los hombres que está aprobado de acuerdo a la ley de la redención de la propiedad no puede tener ningún pecado en él.

Puesto que Jesucristo no es descendiente de Adán, no tiene la naturaleza del pecado original. Tampoco es culpable de haber cometido pecados, ya que cumplió toda la ley durante los 33 años de Su vida en la Tierra. Fue circuncidado al octavo día de su nacimiento y antes que empezara su vida ministerial de tres años, Jesús fue totalmente sumiso y obediente a sus padres, amándolos de todo corazón, y fielmente guardó todos los mandamientos de la ley de Dios.

Por esta razón Hebreos 7:26 nos dice: *"Porque tal sumo sacerdote nos convenía: santo, inocente, sin mancha, apartado de los pecadores, y hecho más sublime que los cielos"*. En 1 Pedro 2:22-23, leemos: *"[Cristo] no hizo pecado, ni se halló engaño en su boca; quien cuando le maldecían, no respondía con maldición; cuando padecía, no amenazaba, sino encomendaba la causa al que juzga justamente"*.

Cuarto: el redentor debe tener amor.

Para que el rescate de la propiedad se efectúe, además de las tres condiciones mencionadas anteriormente, se requiere amor. Sin amor, un hermano mayor que esté en condiciones de redimir la propiedad de su hermano menor, no podrá hacerlo. Aunque un hermano mayor sea el hombre más rico de la ciudad y su hermano menor tenga una enorme deuda, si el hermano mayor no tiene amor, no ayudará a su hermano menor. ¿De qué serviría al hermano menor el poder y riqueza del hermano mayor?

En Rut 4 está la historia de Booz, que conocía muy bien la

condición en la cual se encontraba la suegra de Rut, Noemí.
Cuando Booz pidió al 'pariente cercano' que redimiera la
herencia de Noemí, este respondió: *"No puedo redimir para mí,
no sea que dañe mi heredad. Redime tú, usando de mi
derecho, porque yo no podré redimir"* (v. 6). Entonces Booz,
con abundante amor, redimió la propiedad de Noemí. Después,
Booz fue enormemente bendecido ya que llegó a ser parte de la
línea genealógica de David.

Jesús, quien vino al mundo en forma de hombre, no era
descendiente de Adán ya que fue concebido por el Espíritu
Santo, y no cometió pecado alguno. Por lo tanto, tenía los
'medios suficientes' para redimirnos. Sin embargo, si Jesús no
hubiera tenido amor, no habría soportado la agonía de la
crucifixión. Por el contrario, Jesús nos amó tanto que aceptó ser
crucificado por simples criaturas, derramó hasta la última gota de
Su sangre y redimió a la humanidad, abriendo así el camino de la
salvación. Este es el resultado del inmensurable amor de nuestro
Padre Dios y del sacrificio de Jesús, quien fue obediente hasta la
muerte.

¿Por qué Jesús tuvo que ser crucificado en un madero?

Jesús tuvo que ser crucificado en una cruz de madera para cumplir con la ley del reino espiritual, la cual declara: *"Cristo nos redimió de la maldición de la ley, hecho por nosotros maldición (porque está escrito: Maldito todo el que es colgado en un madero)"* (Gálatas 3:13). Jesús fue colgado en un madero por nosotros para poder salvarnos de 'la maldición de la ley'.

Levítico 17:11 nos dice: *"Porque la vida de la carne en la sangre está, y yo os la he dado para hacer expiación sobre el altar por vuestras almas; y la misma sangre hará expiación de la persona"*. En Hebreos 9:22 leemos: *"Y casi todo es purificado, según la ley, con sangre; y sin derramamiento de sangre no se hace remisión"*. La sangre es la vida porque sin derramamiento de sangre 'no hay remisión'. Jesús derramó Su sangre inocente y preciosa de modo que recibamos la vida.

Además, mediante Su sufrimiento en la cruz, los creyentes son liberados de la maldición de las enfermedades, dolencias, pobreza y de otras cosas semejantes. Jesús vivió en la pobreza cuando estuvo en la Tierra para liberarnos de nuestra pobreza; fue azotado para hacernos libres de todas nuestras enfermedades, y puesto que llevó una corona de espinas, nos redimió de los pecados que cometemos con nuestra mente. Fue clavado en Sus manos y pies para rescatarnos de todos nuestros pecados que cometemos con nuestras manos y pies.

Creer en el Señor implica un cambio para vivir de acuerdo a la verdad

Las personas que en verdad comprenden y de todo corazón creen en los beneficios que trae la muerte de Cristo en la cruz se apartarán de toda clase de pecado y vivirán de acuerdo a la voluntad de Dios. Como Jesús nos dice en Juan 14:23: *"El que me ama, mi palabra guardará; y mi Padre le amará, y vendremos a él, y haremos morada con él"*, estas personas recibirán el amor de Dios y Sus bendiciones.

¿Pero entonces, por qué razón algunas personas que profesan creer en el Señor no reciben respuesta a sus oraciones y viven en medio de pruebas y aflicciones? Esto se debe a que, aunque puedan decir que creen en Dios, Él no considera su fe como una fe verdadera. En otras palabras, aunque han escuchado la Palabra de Dios, aún no se han despojado del pecado ni se han convertido a la verdad.

Por ejemplo: hay muchos creyentes que no obedecen los Diez Mandamientos, los cuales son los fundamentos de la vida en Cristo. Tales personas conocen bien el mandamiento que dice: "Acuérdate del Día del Señor para santificarlo". Aún así, solamente asisten al servicio de la mañana o no asisten a ninguno de los servicios y se dedican a sus propios quehaceres en el día del Señor. Saben que deben diezmar al Señor, pero como aman demasiado el dinero no pueden entregar los diezmos completos.

Saben que en Malaquías 3:8 Dios ha dicho claramente que no dar el diezmo equivale a 'robar a Dios'. Entonces, ¿cómo esperan recibir respuestas y bendiciones?

También hay creyentes que no perdonan los errores y faltas de los demás. Se molestan y buscan la manera de devolver mal por mal. Algunos hacen promesas pero nunca las cumplen, mientras que otros viven quejándose y lamentándose, exactamente como las personas del mundo. ¿Cómo podemos decir que estos creyentes tienen una fe verdadera?

Si tenemos fe verdadera, debemos esforzarnos por hacer todas las cosas de acuerdo a la voluntad de Dios, evitar toda clase del mal y asemejarnos a nuestro Señor quien entregó Su propia vida por nosotros siendo pecadores. Solo entonces podremos perdonar y amar a aquellos que nos odian y ofenden, y siempre podremos servir y sacrificarnos por los demás.

Cuando deje su mal carácter, será transformado en una persona afectuosa cuyos labios solamente hablarán palabras de bondad y amor. Si antes se quejaba constantemente, por medio de la fe verdadera usted aprenderá a dar gracias a Dios en cualquier circunstancia y transmitirá gracia a todos aquellos a su alrededor.

Si verdaderamente creemos en el Señor, todos nosotros debemos asemejarnos a Él y vivir una vida transformada. Esta es la manera de recibir las respuestas y bendiciones de Dios.

La Epístola de Hebreos 12:1-2 nos dice:

"Por tanto, nosotros también, teniendo en derredor nuestro tan grande nube de testigos, despojémonos de todo peso y del pecado que nos asedia, y corramos con paciencia la carrera que tenemos por delante, puestos los ojos en Jesús, el autor y consumador de la fe, el cual por el gozo puesto delante de él sufrió la cruz, menospreciando el oprobio, y se sentó a la diestra del trono de Dios".

Aparte de los muchos hombres de fe que encontramos en la Biblia, entre esa gran nube de testigos a nuestro derredor, hay muchas personas que han recibido la salvación y las bendiciones por su fe en nuestro Señor.

¡Imitemos la verdadera fe de esa 'gran nube de testigos'! Despojémonos del pecado que nos asedia y de todo lo que nos estorba en el camino, y esforcémonos por asemejarnos a nuestro Señor cada día. Solamente entonces empezaremos a recibir las respuestas y bendiciones en nuestras vidas, tal como Jesús nos prometió en Juan 15:7 que dice: *"Si permanecéis en mí, y mis palabras permanecen en vosotros, pedid todo lo que queréis, y os será hecho".*

Si aún no está viviendo esa clase de vida, examine su pasado, quebrante su corazón y arrepiéntase por no haber creído en el

Señor como debía, y decida de ahora en adelante vivir solamente según la Palabra de Dios.

Que cada uno de ustedes pueda obtener esa fe verdadera, experimente el poder de Dios, y le glorifique grandemente con todas las respuestas y bendiciones de Dios, ¡es mi oración en el nombre de nuestro Señor Jesucristo!

Un vaso más hermoso que las piedras preciosas

Los amados hijos de Dios comparados con 'vasos'

Bendiciones para los vasos más hermosos que las piedras preciosas

2 Timoteo 2:20-21 LBLA

Ahora bien, en una casa grande
no solamente hay vasos de oro y de plata,
sino también de madera y de barro,
y unos para honra y otros para deshonra.
Por tanto, si alguno se limpia de estas cosas,
será un vaso para honra, santificado,
útil para el Señor,
preparado para toda buena obra.

Dios creó a la humanidad con el propósito de poder cultivar verdaderos hijos con los que pudiese compartir Su amor. No obstante, el hombre pecó, se extravió del verdadero propósito para el que fue creado y llegó a ser esclavo del enemigo diablo y Satanás (Romanos 3:23). El Dios de amor, sin embargo, no olvidó el propósito original de cosechar verdaderos hijos, sino que abrió el camino de la salvación para todos los pecadores; permitió que Su Hijo Unigénito fuera crucificado en un madero para así redimir a todos los hombres del pecado.

Por este maravilloso amor acompañado de gran sacrificio, el camino de la salvación ha sido abierto a todo aquel que cree en Jesucristo. A cualquier persona que cree en su corazón que Jesús murió y se levantó de la tumba y confiesa con sus labios que Jesús es su Salvador, le es dado el derecho de ser hijo de Dios.

Los amados hijos de Dios comparados con 'vasos'

Como leemos en 2 Timoteo 2:20-21 LBLA: *"Ahora bien, en una casa grande no solamente hay vasos de oro y de plata, sino también de madera y de barro, y unos para honra y otros para deshonra. Por tanto, si alguno se limpia de estas cosas, será un vaso para honra, santificado, útil para el Señor, preparado para toda buena obra"*, el propósito de un vaso es el de almacenar algo. Dios compara a Sus hijos con 'vasos' porque en ellos puede llenar Su amor y gracia, y Su Palabra que es la verdad, así como Su poder y autoridad. Por lo tanto, debemos entender que, dependiendo de la clase de vaso que hayamos preparado, podremos disfrutar toda clase de buenos dones y bendiciones que Dios ha preparado para nosotros.

¿Pero, qué clase de vaso es una persona que puede contener todas las bendiciones que Dios ha preparado? Es un vaso a quien Dios considera de mucho valor, de alta estima y hermoso.

Primero: un vaso 'de mucho valor' se refiere a un creyente que cumple a cabalidad su deber dado por Dios. Juan el Bautista, quien preparó el camino para nuestro Señor Jesús, y Moisés, quien liberó a los israelitas de Egipto, pertenecen a esta categoría.

Segundo: un vaso 'de alta estima' es aquel que tiene cualidades tales como la honestidad, sinceridad, determinación y fidelidad, cualidades que normalmente no se ven en otras personas. José y Daniel, quienes tuvieron el cargo de Primer Ministro de países muy importantes y dieron gran gloria y honra a Dios con sus vidas, pertenecen a esta categoría.

Tercero: un vaso 'hermoso' o de honra ante Dios es aquel que tiene un buen corazón, que nunca se queja, discute ni pelea sino que en la verdad, de buen ánimo todo lo acepta y soporta. Ester, quien salvó a su pueblo, y Abraham que fue llamado 'amigo de Dios', pertenecen a esta categoría.

'Un vaso más hermoso que una piedra preciosa' es aquel creyente que posee los requisitos para que Dios lo considere de mucho valor, de alta estima y hermoso. Una gema en medio del barro es fácil de distinguir. Igualmente, los hijos de Dios que son más hermosos que las joyas, son sin duda alguna fáciles de distinguir en este mundo.

La mayoría de las joyas son valiosas por su tamaño, pero lo que atrae la atención de las personas que buscan la belleza es su brillo y variedad de colores. Asimismo, existen joyas de imitación que también son brillantes. Sin embargo, las auténticas joyas también deben poseer una pureza de matiz y brillo, así como durabilidad. Esta última característica se refiere a la capacidad de soportar el calor, de no ser dañada por el contacto con otras sustancias y de mantener su forma original. Otra importante cualidad de las piedras preciosas es que son muy difíciles de encontrar.

Si podemos encontrar un vaso de radiante brillo, durabilidad y rareza, ¡cuán valioso, de alta estima, y hermoso sería! Dios quiere que sus hijos lleguen a ser vasos más hermosos que las piedras preciosas y quiere bendecir sus vidas abundantemente. Cuando Dios encuentra tales vasos, vierte su amor y gracia en ellos de manera abundante.

¿Cómo se puede llegar a ser vasos más hermosos que las piedras preciosas a los ojos de Dios?

Primero: debe alcanzar la santificación de su corazón por medio de la Palabra de Dios, que es la verdad misma.

Para poder beber algún líquido de un vaso, en primer lugar, éste debe estar limpio. Aunque sea de oro y muy costoso, no podrá ser usado si está sucio e impregnado de algún mal olor. Solamente cuando este costoso vaso de oro sea lavado, estará listo para ser usado.

Este mismo principio se aplica a los hijos de Dios quien ha preparado abundantes bendiciones y diferentes clases de dones, así como riqueza y salud para Sus hijos. Pero, para que recibamos esas bendiciones y dones, primeramente debemos ser como vasos limpios.

Encontramos en Jeremías 17:9 la siguiente declaración: *"Engañoso es el corazón más que todas las cosas, y perverso; ¿quién lo conocerá?"* También encontramos en Mateo 15:18-19, que Jesús dice: *"Pero lo que sale de la boca, del corazón sale; y esto contamina al hombre. Porque del corazón salen los malos pensamientos, los homicidios, los adulterios, las fornicaciones, los hurtos, los falsos testimonios, las blasfemias".* Por lo tanto, solamente después de purificar nuestros corazones podremos ser vasos limpios. Cuando su corazón está limpio, usted ya no maquina 'malos pensamientos', tampoco habla palabras corrompidas ni practica las obras de las tinieblas.

La limpieza de nuestros corazones es posible solamente con el agua espiritual, es decir, con la Palabra de Dios. Por esta razón la Biblia nos exhorta en Efesios 5:26, al decir: *"... para santificarla, habiéndola purificado en el lavamiento del agua por la palabra"* y nos anima al leer: *"... acerquémonos con corazón sincero, en plena certidumbre de fe, purificados los corazones de mala conciencia, y lavados los cuerpos con agua pura"* (Hebreos 10:22).

Pero, ¿de qué manera nos purifica el agua espiritual, es decir la Palabra de Dios? Para 'purificar' nuestros corazones debemos obedecer todos los mandamientos dados por Dios en los sesenta y seis libros de la Biblia. Al apartarnos y despojarnos de las cosas que no agradan a Dios, nuestros corazones gradualmente serán purificados de todo pecado y maldad.

La conducta de aquellos que han limpiado sus corazones con la Palabra también cambiará y la luz de Cristo iluminará sus vidas. Sin embargo, no se puede obedecer la Palabra solamente con nuestro esfuerzo y fuerza de voluntad; el Espíritu Santo debe guiarnos y ayudarnos.

Cuando escuchamos y entendemos la Palabra, abrimos nuestros corazones y aceptamos a Jesús como nuestro Salvador, Dios nos da el Espíritu Santo como un regalo. El Espíritu Santo habita en las personas que han aceptado a Jesús como su Salvador y les ayuda a entender la Palabra de verdad. La Escritura nos dice: *"Lo que es nacido de la carne, carne es; y lo que es nacido del*

Espíritu, espíritu es" (Juan 3:6). Los hijos de Dios quienes han recibido el Espíritu Santo como un regalo pueden rechazar el pecado y el mal todos los días por el poder del Espíritu Santo y así llegar a ser personas espirituales.

Quizás usted está preocupado, pensando: "¿Cómo podré obedecer todos los mandamientos de Dios?"

1 Juan 5:2-3 nos recuerda: *"En esto conocemos que amamos a los hijos de Dios, cuando amamos a Dios, y guardamos sus mandamientos. Pues este es el amor a Dios, que guardemos sus mandamientos; y sus mandamientos no son gravosos".* Si usted ama a Dios de todo corazón, no le resultará difícil obedecer Sus mandamientos.

Cuando nace un hijo, sus padres se preocupan por todo lo que el bebé necesita; lo alimentan, visten, asean, etc. Si no es su bebé, tal vez les parezca un trabajo pesado. Sin embargo, si se trata de su propio hijo, no les será una molestia. Incluso si el niño se despierta y llora a media noche, los padres no se sienten fastidiados; aman mucho a su niño. Hacer algo por un ser querido es motivo de gran gozo y felicidad; no es difícil o irritante. De la misma manera, si realmente creemos que Dios es el Padre de nuestros espíritus y, que en su inmensurable amor, dio a Su Unigénito Hijo para ser crucificado en un madero por nosotros, ¿cómo no amarle? Si en verdad amamos a Dios, vivir de acuerdo a Su palabra no será difícil. Por el contrario, nos sentiremos abrumados y afligidos cuando no vivamos de acuerdo a la Palabra de Dios o al no obedecer Su voluntad. Yo sufrí de muchas enfermedades durante siete años hasta que mi hermana mayor me llevó a una iglesia cristiana. Al recibir el fuego del Espíritu Santo y la sanidad de todas mis enfermedades en el mismo instante en que me arrodillé en la iglesia, tuve un encuentro personal con el Dios vivo. Esto sucedió el 17 de abril de 1974. Desde entonces, empecé a asistir a todos los servicios, lleno de gratitud por la gracia recibida de parte de Dios. En noviembre de ese año, al asistir por primera vez a una reunión de avivamiento empecé a aprender su Palabra, los fundamentos de la vida en Cristo:

–¡Ah, esta es la nueva vida en Dios!

–Debo apartarme de todos mis pecados.

–¡Esto es lo que sucede cuando se cree en Jesucristo!

–Debo dejar de fumar y beber...

–Tengo que orar en todo tiempo.

–Tengo que dar el diezmo porque es un mandamiento de Dios.

–No debo presentarme delante de Dios con las manos vacías.

Toda la semana, al escuchar la Palabra de Dios, la acepté con un "amén" en mi corazón.

Después de esa reunión de avivamiento, dejé el vicio del cigarrillo y del alcohol, y empecé a dar los diezmos y ofrendas de gratitud. También empecé a orar de madrugada y poco a poco me convertí en un hombre de oración. Ponía en práctica todo lo que había aprendido, y también empecé a leer la Biblia.

Por el poder de Dios fui sanado de todas mis enfermedades y dolencias que la ciencia médica no había podido sanar. Por lo tanto, me fue fácil aceptar todo lo que la Biblia enseña con todo mi corazón. Como era nuevo en la fe, había algunas partes de la Escritura que no podía entender tan claramente. No obstante, empecé a obedecer los mandamientos que sí podía entender. Por ejemplo, cuando leí que la Biblia enseña que no hay que mentir, inmediatamente me dije a mí mismo: "¡La mentira es pecado! La Biblia me dice que no debo mentir, así que no voy a mentir". También oré a Dios diciendo: "¡Dios mío, por favor ayúdame a dejar incluso las pequeñas mentiras que a veces digo sin darme cuenta!" Nunca antes había engañado a nadie con malos propósitos, sin embargo oré a Dios fervientemente para poder apartarme de esa clase de mentiras que a veces decimos sin querer.

Muchas personas mienten todos los días, y casi nadie se da cuenta de ello. Por ejemplo, si alguien le llama por teléfono y usted no quiere hablar con esa persona les dice rápidamente a sus hijos, compañeros de trabajo, o amigos: "¡Dile que no estoy!". Otras personas mienten porque no quieren 'herir los sentimientos' de los demás. Estas personas mienten, por ejemplo, cuando son invitados a una reunión y les preguntan si desean

El autor, Dr. Jaerock Lee

algo de comer o beber. Aunque tienen hambre y sed, por no ser
'gravosos' a menudo responden: "¡No, gracias. Ya he comido
antes de venir!". Sin embargo, después que comprendí que
incluso mentir con buenas intenciones también es pecado, oré
fervientemente al Señor para vencer toda clase de mentiras y
desde entonces siempre he vivido en la verdad.

Asimismo, hice una lista de todos los malos hábitos y pecados
que había en mí, y pedí a Dios Su poder para abandonarlos.
Solamente cuando estaba totalmente seguro que había podido
vencer un mal hábito o acto pecaminoso, lo marcaba con un
lapicero rojo. Si aún había algo malo en mí, lo cual no podía
dejar con facilidad, incluso después de constante oración,
ayunaba de inmediato. Si no veía resultados después de un ayuno
de tres días, continuaba el ayuno hasta cinco días. Si volvía a
cometer el mismo pecado, entonces empezaba un ayuno de siete
días. Sin embargo, muy pocas veces tuve que ayunar por una
semana; después de ayunar tres días, pude despojarme de casi
todo pecado y malos hábitos. A medida que iba dejando lo malo,
mi corazón se purificaba cada vez más.

Después de tres años de conocer al Señor, renuncié a toda
desobediencia a la Palabra de Dios y pude ser considerado un
vaso limpio a los ojos del Señor. Además, ya que cumplí de modo
fiel y diligente todo lo que Dios ordena en Su Palabra, pude
agradar a Dios en un corto tiempo. Puesto que mi vaso estaba
limpio, Dios me bendijo en abundancia. Mi familia recibió la

bendición de ser sanada. Pude pagar todas mis deudas inmediatamente. Recibí la bendición física y espiritual. Por esto es que la Biblia nos garantiza lo siguiente: *"Amados, si nuestro corazón no nos reprende, confianza tenemos en Dios; y cualquiera cosa que pidiéremos la recibiremos de él, porque guardamos sus mandamientos, y hacemos las cosas que son agradables delante de él"* (1 Juan 3:21-22).

Segundo: para llegar a ser un vaso más hermoso que una piedra preciosa, usted debe ser 'refinado por el fuego' y debe reflejar la luz espiritual.

Las costosas piedras preciosas, antes de ser engastadas en anillos y collares, estaban llenas de impurezas. Sin embargo, han sido refinadas por el joyero y emiten radiantes luces y tienen hermosas formas.

Así como estos experimentados joyeros dan forma, brillo y refinan estas piedras preciosas por el fuego y las convierten en hermosas figuras de brillo resplandeciente, Dios disciplina a sus hijos. Dios no nos disciplina por nuestros pecados, sino para que por medio de la disciplina pueda bendecirnos física y espiritualmente. Los creyentes que no han pecado ni hecho nada malo, quizás crean que tienen que soportar el sufrimiento de las pruebas. Sin embargo, este es un proceso a través del cual Dios prepara y disciplina a Sus hijos de modo que puedan irradiar colores y brillo más hermoso. 1 Pedro 2:19 nos recuerda que: *"Porque esto merece aprobación, si alguno a causa de la conciencia delante de Dios, sufre molestias padeciendo injustamente"*. También, 1 Pedro 1:7 nos recuerda: *"Para que sometida a prueba vuestra fe, mucho más preciosa que el oro, el cual aunque perecedero se prueba con fuego, sea hallada en alabanza, gloria y honra cuando sea manifestado Jesucristo"*.

Aunque los hijos de Dios ya han dejado de cometer toda clase de mal y son vasos santificados, cuando Dios ve conveniente, permite que sean disciplinados y probados de modo que lleguen a ser como vasos más hermosos que las piedras preciosas. Como nos dice la última parte del versículo 5 de 1 Juan: *"Dios es luz, y no hay ningunas tinieblas en Él"*. Ya que Dios es la perfecta luz gloriosa sin mancha o imperfección, guía a Sus hijos al mismo nivel de luz.

Por lo tanto, cuando usted soporta con paciencia y amor cualquier prueba permitida por Dios, llegará a ser un vaso más brillante y hermoso. El nivel de autoridad espiritual y poder es diferente de acuerdo al resplandor de la luz espiritual. Además, cuando la luz espiritual brilla, el enemigo diablo y Satanás no puede hacer nada en su contra.

En Marcos 9 hay una escena en la que Jesús echó fuera a un espíritu maligno de un niño cuyo padre rogó a Jesús que sanara a su hijo. Jesús reprendió al espíritu maligno: *"Espíritu mudo y sordo, yo te mando, sal de él, y no entres más en él"* (v. 25). El espíritu maligno dejó al niño, el cual fue libre y sano otra vez. Pero primero el padre había llevado a su hijo a los discípulos de Jesús, quienes no pudieron echar fuera al espíritu maligno. Los discípulos no pudieron porque su nivel de luz espiritual era menor al nivel de luz espiritual de Jesús.

¿Entonces, qué debemos hacer si queremos llegar al nivel de la luz espiritual de Jesús? Podemos ser vencedores en medio de cualquier prueba creyendo en Dios con convicción, venciendo el mal con el bien, y amando incluso a nuestros enemigos. Por consiguiente, en cuanto su bondad, amor y obras de justicia sean consideradas genuinas, como las de Jesús, usted podrá echar fuera espíritus malignos y sanar cualquier enfermedad y dolencia.

Bendiciones para los vasos más hermosos que las piedras preciosas

Al estar en el camino de fe por varios años, también he tenido que soportar muchas pruebas. Por ejemplo, la acusación que me hicieron en un programa de televisión hace algunos años, para mí fue una prueba muy difícil y angustiosa. De pronto, personas que habían recibido bendiciones de parte de Dios a través de mí, y muchos a quienes siempre había considerado como mi propia familia, me traicionaron.

Las personas del mundo tuvieron un concepto muy

equivocado de mi persona, culpándome de cosas que no eran verdad, mientras que muchos miembros de nuestra iglesia sufrieron y fueron perseguidos injustamente. No obstante, superamos esa prueba con gozo y gratitud a Dios y, ya que dejamos todo en las manos de Dios, pedimos que en Su amor y misericordia los perdonara.

Tampoco tuve rencor o deseos de venganza hacia los que se fueron de la iglesia y nos ocasionaron muchos problemas. En medio de esta prueba difícil, estaba muy seguro del amor y fidelidad de Dios para mí. De esta manera, de todo corazón pude perdonar y saludar incluso a aquellos que me habían causado mal. Así como un estudiante recibe reconocimiento y méritos por su arduo trabajo al aprobar un examen, cuando mi fe, bondad, amor y buenas obras recibieron el reconocimiento de Dios, me bendijo para manifestar y dar a conocer su poder aún más.

Después de esta prueba, Dios me abrió una puerta por medio de la cual yo lograría la evangelización de todo el mundo. Dios obró de tal forma que miles, cientos de miles, e incluso millones de personas se reunían en las cruzadas internacionales que organicé, y me ha respaldado con Su poder, el cual trasciende el tiempo y el espacio.

La luz espiritual con la que Dios nos rodea es más luminosa y hermosa que cualquier piedra preciosa en este mundo. Dios considera a aquellos hijos a quienes rodea con Su luz espiritual como vasos más hermosos que las piedras preciosas.

Por lo tanto, es mi oración a Dios en el nombre de nuestro Señor Jesucristo, que cada uno de ustedes pueda alcanzar rápidamente la santificación y pueda llegar a ser un vaso que irradie la luz espiritual que soporta las pruebas y que es más hermosa que una joya, para que reciba las respuestas a todas sus peticiones y lleve una vida llena de bendiciones.

La Luz

1 Juan 1:5

Este es el mensaje
que hemos oído de Él,
y os anunciamos:
Dios es luz,
y no hay ningunas tinieblas en él.

Existen diversas clases de luces, y cada una contiene sus propias capacidades hermosas. Principalmente, la luz alumbra en la oscuridad, suministra calor y mata las bacterias nocivas u hongos. Con ella, las plantas pueden mantener la vida a través de un proceso llamado fotosíntesis.

Sin embargo, existen dos clases de luz: la luz natural que podemos ver y percibir a simple vista, y la luz espiritual que no podemos ver o tocar. Así como la luz tiene muchas características, la luz espiritual tiene también muchas propiedades. Cuando la luz brilla en la noche, la oscuridad se desvanece inmediatamente.

Del mismo modo, cuando la luz espiritual brilla en nuestras vidas, la oscuridad espiritual se desvanece rápidamente al caminar en el amor y la bendición de Dios. Puesto que la oscuridad espiritual es la raíz de las enfermedades y de los problemas en el hogar, el trabajo y en las relaciones, no podemos encontrar la verdadera felicidad. Sin embargo, cuando la luz espiritual brilla en nuestras vidas, los problemas que no puedan ser resueltos con el conocimiento y habilidad del hombre, pueden solucionarse y todas nuestras peticiones son respondidas.

La luz espiritual

¿Qué es la luz espiritual y cómo opera? Leemos en la última parte de 1 Juan 1:5: *"Dios es luz, y no hay ningunas tinieblas en él"* y en Juan 1:1 dice: *"...y el Verbo era Dios"*. Es decir, 'la luz' no sólo se refiere a Dios mismo, sino también a Su Palabra que es verdad, bondad y amor. Antes de la creación, en la inmensidad del universo, solamente Dios existía y no tenía una forma definida. Siendo la unión de la luz y el sonido, Dios sustentaba el universo entero. La luz resplandeciente, majestuosa y hermosa rodeaba todo el universo y de esa luz brotaba una voz agradable, clara y potente.

Dios que existía como la luz y el sonido diseñó la Providencia del cultivo de la humanidad para cosechar hijos verdaderos. Tomó forma, se separó en la Trinidad y creó a la humanidad a Su propia imagen y semejanza. Sin embargo, el atributo de Dios sigue siendo la luz y el sonido, y sigue obrando por medio de la luz y el sonido. Aunque tiene forma de un ser humano, en esa forma está la luz y el sonido de Su poder infinito.

Además del poder de Dios, hay otros elementos de la verdad, tales como el amor y la bondad, en esta luz espiritual. Los sesenta y seis libros en la Biblia, por ejemplo, son una colección escrita de las verdades de la luz espiritual que en realidad son la expresión de la voz de Dios. En otras palabras, 'la luz' expresa todos los mandatos y versículos en la Biblia relacionados con la bondad, la justicia y el amor, así también mandamientos como "amaos los unos a los otros", "orar sin cesar", "guardar el Día del Señor", "obedecer los Dios Mandamientos", y otros parecidos.

Para conocer a Dios, camine en la luz

Dios gobierna el mundo de la luz, mientras que el enemigo diablo y Satanás gobierna el mundo de las tinieblas. Además, puesto que el enemigo diablo y Satanás se opone a Dios, las personas que viven en el mundo de la oscuridad no pueden conocer a Dios. De manera que, para conocer a Dios, resolver sus problemas y recibir las respuestas a sus oraciones, usted debe rápidamente apartarse del mundo de la oscuridad y entrar al mundo de la luz.

En la Biblia encontramos muchos mandamientos, tales como: "ámense los unos a los otros", "sírvanse los unos a los otros", "oren", "sean agradecidos", y así por el estilo. También hay mandatos que tenemos que guardar, como: "guardar el Día del Señor", "guardar los Diez Mandamientos", "guardar los mandatos de Dios", etc. Hay además muchos mandamientos que nos prohíben hacer ciertas cosas, tales como: "no mentir", "no odiar", "no buscar su propio bien", "no adorar ídolos", "no robar", "no ser celoso", "no guardar envidia", "no murmurar" y otros parecidos. También hay mandamientos que nos dicen que tenemos que apartarnos de ciertas prácticas, como: "apartaos de toda clase de mal", "apartaos de toda clase de envidia y celos", "despojaos de toda codicia", entre otros.

Por una parte, obedecer estos mandatos de Dios significa vivir en la luz, asemejarse a nuestro Señor y a nuestro Padre Dios. Por otro lado, si usted no obedece lo que Dios ordena, si no guarda lo que le dice que tiene que guardar, si hace lo que Dios dice que no tiene que hacer, y si usted no se aparta de las malas obras de las cuales Dios le dice que se aparte, seguirá viviendo en la oscuridad. Por lo tanto, al recordar que no obedecer la Palabra de Dios trae como consecuencia vivir en el mundo de la oscuridad gobernado por el enemigo diablo y Satanás, siempre debemos vivir de acuerdo con Su palabra y caminar en la luz.

Tenemos comunión con Dios cuando caminamos en la luz

Como nos dice la primera parte de 1 Juan 1:7: *"Pero si andamos en luz, como Él está en luz, tenemos comunión unos con otros..."*; solamente cuando caminamos y vivimos en la luz podemos afirmar que tenemos comunión con Dios.

Así como en lo natural, los hijos tienen comunión con su

padre, también debemos tener comunión con Dios, el Padre de nuestros espíritus. Sin embargo, para alcanzar y mantener esta comunión con Él, tenemos que cumplir con un requisito: Apartarnos del pecado y caminar en la luz. Por eso la Biblia dice: *"Si decimos que tenemos comunión con él, y andamos en tinieblas, mentimos, y no practicamos la verdad"* (1 Juan 1:6).

Una verdadera 'comunión' se establece entre dos. El hecho de que usted haya oído hablar de alguien, no significa que usted tiene comunión con esa persona. Solamente cuando ambos se conocen lo suficiente, confían, dependen uno del otro y conversan, puede haber 'comunión' entre dos personas.

Por ejemplo: la mayoría de personas ha oído o visto al presidente de su país por medio de la televisión o los periódicos. Pero no importa cuánto usted pueda conocer o haber escuchado del presidente, si él no lo conoce a usted personalmente, no existe ningún vínculo personal entre usted y el presidente. Además, existen diferentes niveles de amistad entre dos personas. Usted puede conocer a otra persona por que lo ve todos los días en su vecindario o en el trabajo, o tener un poco más de confianza y saludarlo de vez en cuando, o tener una profunda amistad con esa persona que incluso comparte sus asuntos personales.

Lo mismo sucede en nuestra comunión con Dios. Para que nuestra relación con Él sea una verdadera comunión, tenemos que ser conocidos y aprobados por Dios. Si tenemos una profunda relación con Dios, no estaremos enfermos o afligidos y Él responderá a todas nuestras oraciones. Dios quiere dar a Sus hijos solamente lo mejor, y nos dice en Deuteronomio 28 que 'si escuchamos atentamente Su voz, para guardar y poner por obra todos sus mandamientos, seremos benditos en nuestro entrar y salir, prestaremos pero a nadie pediremos prestado, y seremos cabeza y no cola'.

Padres de la fe que tuvieron una profunda comunión con Dios

¿Qué clase de comunión tenía David, de quien Dios dice que era 'un varón conforme a Su corazón'? (Hechos 13:22). David amaba, temía y siempre dependía totalmente de Dios. Cuando estaba huyendo de Saúl o saliendo a la guerra, como un niño que pregunta a su padre qué debe hacer, David siempre consultaba a Dios: "¿Saldré contra mis enemigos? ¿A dónde iré?", y hacía lo que Dios le ordenaba. También, Dios siempre dio a David respuestas positivas y detalladas, y puesto que él obedecía lo que Dios le ordenaba, pudo obtener victoria tras victoria (2 Samuel 5:19-25).

David pudo disfrutar de una hermosa comunión con Dios porque, con su fe, agradó a Dios. Por ejemplo: a comienzos del reino de Saúl, los filisteos invadieron Israel. Los filisteos tenían un paladín, el cual se llamaba Goliat, quien se burlaba de los soldados de Israel y blasfemó y desafió el nombre de Dios. Sin embargo, nadie en el campamento de Israel se atrevió a desafiar a Goliat. En ese momento, aunque todavía era joven, David fue a enfrentarse a Goliat desarmado y solamente con cinco piedras lisas del arroyo porque confiaba en el omnipotente Dios de Israel y sabía que de Jehová es la batalla (1 Samuel 17). Dios intervino milagrosamente de modo que la piedra de David hirió a Goliat en la frente. Después que Goliat murió, la situación cambió e Israel consiguió una victoria total.

Por su firme y sólida fe, Dios consideró a David 'un hombre conforme a Su corazón', y así como un padre y su hijo, que con mutua confianza conversan de sus asuntos diarios, David pudo obtener todas las cosas porque Dios estaba siempre con él.

La Biblia también nos dice que Dios hablaba con Moisés cara a cara. Por ejemplo: cuando Moisés valientemente pidió a Dios que le mostrara Su rostro, Dios estuvo dispuesto a concederle todo lo que pidió (Éxodo 33:18). ¿Cómo pudo Moisés alcanzar una íntima comunión con Dios?

Poco después que Moisés libertase a los israelitas de Egipto, ayunó y oró a Dios durante cuarenta días en el Monte Sinaí. Como Moisés se demoraba en descender del monte, los israelitas se hicieron un ídolo a quien pudiesen adorar. Al ver esto, Dios dijo a Moisés que iba a destruir a los israelitas y que luego haría de Moisés una gran nación (Éxodo 32:10).

Al oír esto, Moisés rogó a Dios: *"Vuélvete del ardor de tu ira, y arrepiéntete de este mal contra tu pueblo"* (Éxodo 32:12b). Al día siguiente, nuevamente pidió a Dios: *"Te ruego, pues este pueblo ha cometido un gran pecado, porque se hicieron dioses de oro, que perdones ahora su pecado, y si no, ráeme ahora de tu libro que has escrito"* (Éxodo 32:31-32). ¡Qué hermosas y profundas oraciones de amor!

Además en el libro de Números 12:3 encontramos lo siguiente: *"...y aquel varón Moisés era muy manso, más que todos los hombres que había sobre la tierra"*. Y en el versículo 7, Dios dice: *"No así a mi siervo Moisés, que es fiel en toda mi casa"*. Con su grande amor y manso corazón, Moisés pudo ser fiel en toda la casa de Dios y disfrutar una profunda e íntima comunión con Él.

Bendiciones para los que caminan en la luz

Jesús, quien vino a esta tierra como la luz del mundo, enseñó solamente la verdad y las Buenas Nuevas del reino. Sin embargo, las personas cegadas por la oscuridad y el engaño del enemigo diablo, no pudieron comprender la luz ni siquiera cuando Jesús la explicó claramente. En su incredulidad y ceguera espiritual, estas personas no pudieron aceptar la luz o recibir la salvación, sino que escogieron el camino de la perdición.

Sin embargo, las personas de corazones sinceros reconocen sus pecados, se arrepienten de ellos, y alcanzan la salvación por medio de la luz de la verdad que trae el Evangelio. También son obedientes a la voz del Espíritu Santo y viven en el Espíritu en todo tiempo, caminando en la luz. Por lo tanto, la falta de sabiduría y conocimiento ya no les es un problema; están en comunión con Dios, quien es la luz, y son guiados y dirigidos por la voz del Espíritu Santo. Entonces serán prosperados en todo y recibirán la sabiduría de lo alto. Aunque tengan problemas aparentemente muy difíciles de resolver, no hay nada que pueda impedirles solucionar sus problemas y ningún obstáculo puede interponerse en sus caminos porque el Espíritu Santo los instruirá personalmente en todo momento.

Como nos exhorta 1 Corintios 3:18 donde leemos: *"Nadie se engañe a sí mismo; si alguno entre vosotros se cree sabio en este siglo, hágase ignorante, para que llegue a ser sabio";* debemos entender que la sabiduría de este mundo es insensatez para con Dios.

También, en Santiago 3:17 se nos recuerda: *"Pero la sabiduría que es de lo alto es primeramente pura, después pacífica, amable, benigna, llena de misericordia y de buenos frutos, sin incertidumbre ni hipocresía".* De manera que cuando alcanzamos la santificación y vivimos en la luz, recibimos la sabiduría de lo alto. Cuando caminemos en la luz, también alcanzaremos un nivel en el que viviremos llenos de gozo aunque estemos en necesidad, y no nos parecerá que estamos en escasez, aunque en realidad nos falten las cosas.

El apóstol Pablo declara en Filipenses 4:11: *"No lo digo porque tenga escasez, pues he aprendido a contentarme, cualquiera que sea mi situación"*. De igual modo, si caminamos en la luz tendremos la paz de Dios; como resultado, la paz y el gozo brotaran abundantemente en nuestros corazones. Las personas que viven en paz y armonía con su prójimo no vivirán en pleitos o contiendas en su hogar. Por el contrario, puesto que el amor y la gracia de Dios rebosan en sus corazones, nunca dejan de alabar y dar gracias a Dios.

Además, como se nos dice en 3 Juan 1:2 donde leemos: *"Amado, yo deseo que tú seas prosperado en todas las cosas, y que tengas salud, así como prospera tu alma"*, cuando caminamos en la luz y nos esforzamos por agradar a Dios, no solamente somos prosperados en todo, sino que también tenemos la autoridad, dones, y el poder de Dios quien es la luz.

Después de que Pablo conoció al Señor y caminó en la luz, Dios lo usó grande y poderosamente para manifestar Su poder como apóstol a los gentiles. Aunque Esteban o Felipe no eran profetas o uno de los discípulos de Jesús, Dios obró grandes prodigios a través de ellos. En Hechos 6:8, encontramos: *"Y Esteban, lleno de gracia y de poder, hacía grandes prodigios y señales entre el pueblo ".* En Hechos 8:6-7, también podemos leer lo siguiente: *"Y la gente, unánime, escuchaba atentamente las cosas que decía Felipe, oyendo y viendo las señales que hacía. Porque de muchos que tenían espíritus inmundos, salían éstos dando grandes voces; y muchos paralíticos y cojos eran sanados ".*

Uno puede manifestar el poder de Dios en la misma medida que alcance la santificación caminando en la luz y asemejándose al Señor. No obstante, hasta ahora muy pocas personas han manifestado el poder de Dios. Aún así, incluso entre los que sí pudieron manifestar Su poder, la magnitud del poder manifestado fue diferente dependiendo del grado de santificación y de cuánto se asemejaron a Dios que es la luz.

¿Estoy viviendo en la luz?

Para recibir esta maravillosa bendición otorgada a aquellos creyentes que caminan en la luz, cada uno de nosotros primero debemos examinarnos y preguntarnos: "¿Estoy verdaderamente viviendo en la luz?"

Aunque usted no practique alguna forma de pecado, debería examinarse para ver si ha llevado una vida 'tibia' en Cristo, o si no ha prestado atención y no ha sido guiado por el Espíritu Santo. Si es así, usted debe despertar de su sueño espiritual.

Si usted se ha despojado del mal hasta cierto punto, no debe conformarse; así como un niño crece hasta llegar a ser adulto, usted también debe alcanzar la fe de hombres como José, Moisés o Daniel. Usted debe vivir en una profunda comunión con Dios así como en plena obediencia a Él.

Si está en el proceso de la santificación, debe poder detectar incluso los mínimos vestigios del mal y arrancarlos totalmente. Mientras más autoridad de parte de Dios obtenga y más bendiciones materiales alcance, usted siempre debe servir primero a los demás y preocuparse por ellos. Cuando otras personas, incluyendo aquellos que están en una posición inferior a la suya, señalen sus errores, usted debe ser capaz de escuchar pacientemente. En lugar de sentir resentimiento o malestar y alejarse de aquellos que se apartan del camino del bien y hacen lo malo, con amor y bondad usted debe poder tolerarlos e impactar sus vidas con su conducta; no debe guardar rencor o sentir desprecio por nadie, tampoco debe menospreciar a los demás pensando que usted es más justo ni causar contiendas.

He mostrado y tratado con mucho amor a los hermanos más sencillos, humildes y débiles en la fe. Así como los padres se preocupan más por sus hijos débiles y enfermos que por los que están sanos, he orado con mayor fervor por estas personas; nunca los menosprecié, sino que me esforcé por servirles con todo mi corazón. Los creyentes que caminan en la luz deben tener compasión incluso por aquellos que han cometido grandes faltas o errores, y poder perdonarlos y cubrir sus faltas en lugar de divulgarlas.

Incluso al hacer la obra de Dios, usted no debe publicar o jactarse de sus buenas cualidades o logros, sino que debe reconocer el esfuerzo de las personas con quienes ha trabajado. Cuando el esfuerzo de estas personas es reconocido y elogiado, usted debe sentirse más feliz y gozoso.

¿Se da cuenta cuánto ama Dios a Sus hijos cuyos corazones se asemejan al corazón de nuestro Señor? Así como Dios caminó con Enoc durante 300 años, Él caminará con Sus hijos cuyos corazones se asemejen a Él. Además, no sólo los bendecirá con buena salud y los prosperará en todos sus caminos, sino también les dará Su poder con el cual los usará como hermosos vasos de honra.

Así que, si usted cree que tiene fe y ama a Dios, reconsidere cuánto de esa fe y amor realmente Él reconoce, y camine en la luz para que su vida pueda abundar de Su amor y viva en comunión con Él; ¡ruego esto en el nombre de nuestro Señor Jesucristo!

1 Juan 1:5

*Este es el mensaje
que hemos oído de él,
y os anunciamos:
Dios es luz,
y no hay ningunas tinieblas en él.*

En la Biblia encontramos varios casos en los que muchas personas recibieron salvación, sanidad, y respuestas a sus oraciones a través de la obra sobrenatural del poder de Dios manifestada por Su Hijo Jesús. Al mandato de Jesús, toda clase de enfermedades eran sanadas inmediatamente y las personas con discapacidades recobraban sus facultades físicas.

Los ciegos podían ver, los mudos recuperaban el habla y los sordos podían escuchar. Un hombre con una mano seca fue sanado, los cojos se levantaban y caminaban, y los que sufrían de parálisis recibieron sanidad. También, los espíritus malignos eran echados fuera y los muertos resucitaban.

Estas asombrosas obras del poder de Dios no sólo fueron manifestadas por Jesús, sino también por muchos profetas de los tiempos del Antiguo Testamento y por los apóstoles del Nuevo Testamento. Por supuesto, el poder de Dios manifestado por Jesús no era igual al de los profetas y apóstoles. No obstante, a las personas que se asemejaban a Jesús y al Padre, Dios les dio poder y los usó como Sus vasos. Dios que es la luz manifestó Su poder a través de diáconos como Esteban y Felipe porque alcanzaron la santificación ya que caminaron en la luz y se asemejaron al Señor.

El Apóstol Pablo manifestó el poder de Dios en gran manera, y fue considerado un 'dios'

Después de Jesús, entre todos los personajes del Nuevo Testamento, el que manifestó el poder de Dios grandemente fue el apóstol Pablo. Él predicó el Evangelio a los gentiles, los cuales no conocían a Dios, con poderosos e impactantes mensajes acompañados por señales y prodigios. Solamente con esta clase de poder, Pablo pudo dar testimonio del único y verdadero Dios y de Jesucristo.

Ya que la adoración a los ídolos y la adivinación eran predominantes en ese tiempo, es muy probable que hubiera algunas personas entre los gentiles que se dedicaban a engañar a los demás con sus artes mágicas. Difundir el Evangelio entre tales personas requería la manifestación de evidencias del poder de Dios que superaran el poder del falso encantamiento y la obra de los espíritus malignos (Romanos 15:18-19).

En Hechos 14, del versículo 8 en adelante, hay una escena en la cual el Apóstol Pablo estaba predicando el Evangelio en una región llamada Listra. Cuando Pablo ordenó a un hombre que había estado lisiado toda su vida: *"¡Levántate derecho sobre tus pies!"*, este hombre se puso de pie y empezó a caminar (Hechos 14:10). Cuando la gente vio lo que Pablo había hecho, dijo a gran voz: *"Dioses bajo la semejanza de hombres han descendido a nosotros"* (Hechos 14:11). También en el capítulo

28 leemos que el Apóstol Pablo llegó a la isla de Malta después de un naufragio. Cuando recogía unas ramas secas y las echó en el fuego, una víbora, huyendo del calor, se le prendió en la mano. Al ver esto, los naturales de la isla esperaban que se hinchase o cayese muerto de repente, pero viendo que Pablo no sufría ningún daño, creyeron que era un dios (v. 6).

Puesto que el Apóstol Pablo poseía un corazón que era perfecto delante de Dios, pudo manifestar las obras de Su poder de modo que la gente lo consideró como un 'dios'.

El poder de Dios que es la luz

Este poder no se otorga a cualquier persona, sino solamente a aquellos que se asemejan a Dios y han alcanzado la santificación en sus vidas. Incluso en estos tiempos, Dios está buscando personas a quienes pueda dar Su poder para usarlos como vasos de honra. Por esta razón Marcos 16:20 nos recuerda: *"Y ellos, saliendo, predicaron en todas partes, ayudándoles el Señor y confirmando la palabra con las señales que la seguían"*. Hablando de este tema, Jesús también dijo en Juan 4:48: *"Si no viereis señales y prodigios, no creeréis"*.

Para conducir multitudes de personas a la salvación se requiere el poder de lo alto que puede manifestar señales y prodigios, el cual da testimonio del Dios vivo. En una época en la cual el pecado y el mal abundan por doquier, se requiere con urgencia que la iglesia de a conocer señales y prodigios.

Cuando caminamos en la luz y estamos en un sólo espíritu con nuestro Padre Dios, podemos manifestar la magnitud del poder que Jesús manifestó estando en la Tierra. Es por eso que nuestro Señor ha prometido: *"De cierto, de cierto os digo: El que en mí cree, las obras que yo hago, él las hará también; y aun mayores hará, porque yo voy al Padre"* (Juan 14:12).

Si alguien manifiesta esta clase de poder del reino espiritual que solamente proviene de Dios, entonces es reconocido como un hombre de Dios. Como nos recuerda el libro de los Salmos 62:11: *"Una vez habló Dios; dos veces he oído esto: Que de Dios es el poder"*, el enemigo diablo y Satanás no puede manifestar esta clase de poder que sólo pertenece a Dios. Por supuesto, ya que son seres espirituales poseen gran poder para engañar a las personas y las inducen a desobedecer a Dios. Sin embargo, una cosa sigue siendo cierta: ningún otro puede imitar el poder de Dios, el cual controla la vida, la muerte, bendición, maldición, la historia de la humanidad, y crea las cosas de la nada. Este poder pertenece al reino de Dios que es luz, y puede ser manifestado solamente por aquellos que han alcanzado la santificación y la medida de fe de Jesucristo.

Diferencias entre la autoridad, capacidad y el poder de Dios

Al definir o referirse a la capacidad de Dios, muchas personas confunden el término autoridad con capacidad, o capacidad con poder; sin embargo, hay una marcada y clara diferencia entre los tres.

'Capacidad', espiritualmente hablando, es el poder sobrenatural de la fe por la cual algo que para el hombre es imposible, para Dios es posible. 'Autoridad' es el poder solemne, soberano, y majestuoso que Dios mismo ha establecido, y en el reino espiritual la característica más resaltante del poder es la pureza. En otras palabras, la autoridad es la santificación en sí, y los hijos de Dios santificados que se han apartado totalmente del mal y de la mentira en sus corazones pueden recibir la autoridad espiritual.

¿Qué significa el 'poder'? Esta palabra se refiere a la capacidad y autoridad de Dios otorgada a aquellos que se han apartado de toda clase de mal y han alcanzado la santificación.

Veamos el siguiente ejemplo: si un conductor tiene la 'capacidad' de manejar un vehículo, entonces el policía de tránsito tiene la 'autoridad' de detener cualquier vehículo. Esta autoridad de detener y permitir la circulación de vehículos, ha sido conferida al policía de tránsito por el gobierno. Por lo tanto, aunque el conductor tiene la 'capacidad' de conducir un vehículo, ya que carece de la 'autoridad' de un policía de tránsito, cuando éste le dice al conductor que se detenga o continúe, el conductor debe obedecer.

De manera que, autoridad y capacidad son diferentes entre sí, y podemos definir el 'poder' como la combinación de autoridad y capacidad. En Mateo 10:1, leemos lo siguiente: *"Entonces llamando a sus doce discípulos, les dio autoridad sobre los espíritus inmundos, para que los echasen fuera, y para sanar toda enfermedad y toda dolencia"*. Poder implica tanto la 'autoridad' de echar fuera espíritus malignos como la 'capacidad' de sanar toda clase de enfermedades y dolencias.

Diferencia entre el 'don de sanidad' y el 'poder'

Las personas que no conocen muy bien el significado del poder de Dios, a menudo lo comparan con el don de sanidad. Este don mencionado en 1 de Corintios 12:9 actúa sanando enfermedades causadas por diferentes clases de virus o microbios. Sin embargo, no puede sanar la sordera y el mutismo causados por causas genéticas o por la muerte de las células nerviosas. Esta clase de enfermedades e incapacidades sólo pueden ser sanadas por el poder de Dios y por la oración de fe que agrada a Dios. Asimismo, mientras que el poder de Dios que es luz se manifiesta en todo momento, el don de sanidad no opera en todo momento.

Debemos considerar que Dios da el don de sanidad a quienes, sin tener en cuenta el nivel de santificación de su corazón, aman y oran continuamente por los demás y por su prosperidad, y a los cuales Dios considera como instrumentos valiosos y útiles. Sin embargo, si el don de sanidad no es usado para Su gloria sino de manera incorrecta y para los beneficios del vaso, Dios ciertamente se lo quitará.

Por otro lado, el poder de Dios es otorgado solamente a aquellos que han alcanzado la santificación del corazón; una vez dado, el don nunca se debilita o deja de operar porque el vaso nunca lo usará para sus propios beneficios. Por el contrario, cuanto más uno se asemeje al corazón del Señor, mayores niveles de poder Dios le otorgará. Si el corazón y la conducta de un creyente agradan al Señor, podrá incluso manifestar las mismas obras del poder de Dios que el propio Jesús manifestó.

Hay diferentes formas en las que el poder de Dios se manifiesta. El don de sanidad no puede obrar en los casos de enfermedades graves o congénitas, y es aún más difícil que aquellos que tienen poca fe sean sanados por el don de sanidad. Sin embargo, por el poder de Dios que es la luz, nada es imposible. Aunque la persona enferma no tenga mucha fe, la sanidad por el poder de Dios ocurre al instante. En este caso la palabra 'fe' se refiere a la fe espiritual con la que uno cree de todo corazón.

Cuatro niveles del poder de Dios que es la luz

Jesucristo es el mismo ayer y hoy, y Él puede usar a todo aquel que esté dispuesto y cuyo corazón esté limpio para manifestar Su poder.

El poder de Dios se manifiesta de diversas maneras y en diferentes niveles. En la medida en la que uno llegue a un mayor nivel del espíritu, alcanzará y recibirá un mayor nivel de poder. Las personas que tienen sus ojos espirituales abiertos pueden ver diferentes clases de resplandor de luces de acuerdo a cada nivel del poder de Dios. En tanto que criaturas, los seres humanos pueden manifestar hasta el cuarto nivel del poder de Dios.

El primer nivel de poder es la manifestación del poder de Dios a través de la luz roja, la cuál destruye por el fuego del Espíritu Santo.

El fuego del Espíritu Santo a partir del primer nivel de poder que es manifestado por la luz roja cauteriza y cura enfermedades causadas por virus y gérmenes. También otras enfermedades como el cáncer, enfermedades pulmonares, diabetes, leucemia, enfermedades renales, artritis, problemas del corazón y el SIDA pueden ser sanadas. Esto no quiere decir, sin embargo, que todas estas enfermedades pueden ser sanadas estando en el primer nivel de poder. Para aquellas personas que están al borde de la muerte,

"Derramaba lágrimas día y noche.

*Me sentía mucho más afligido
cuando las personas me llamaban
'el niño con SIDA'".*

El Señor me sanó con Su poder

*Y devolvió la alegría a mi familia.
¡Ahora soy muy feliz!*

Esteban Juninka de Honduras, sanado de SIDA

como en el caso de los que están en la última etapa del cáncer o de enfermedades pulmonares crónicas, el primer nivel de poder no será suficiente.

La restauración de órganos que han sufrido daños irreparables o que no pueden realizar sus funciones correctamente requiere de un poder mayor que no sólo restaura sino que también reconstruye nuevas células, tejidos y órganos del cuerpo. Sin embargo, aún en este nivel, Dios manifestará Su poder en diferentes formas dependiendo del nivel de fe de la persona así como la fe que obra por amor de parte de su familia.

Desde la fundación de la Iglesia Central Manmin, hemos visto numerosas manifestaciones del primer nivel del poder de Dios. Cuando las personas recibieron la oración estando en obediencia a la Palabra de Dios, toda clase de graves enfermedades fueron limpiadas. Cuando estrecharon mi mano o tocaron el borde de mi ropa, o por medio de la oración en pañuelos y la oración grabada como mensajes telefónicos, o cuando oré por las fotografías de los enfermos, hemos sido testigos de la sanidad divina una y otra vez.

La obra de sanidad en el primer nivel de poder no se limita a sanar enfermedades por medio del fuego del Espíritu Santo. Inclusive con una corta oración llena de fe y estando inspirado, guiado y lleno del Espíritu Santo, cualquier persona puede manifestar incluso mayores señales y prodigios del poder de Dios. No obstante, esto sucede ocasionalmente de acuerdo a la

*"Vi la luz...
por fin salí
del largo y oscuro túnel después de
catorce años...
Creí que no tenía esperanza,
pero nací de nuevo
¡Por el poder del Señor!"*

Shama Masaz de Pakistán Liberada de posesión demoníaca durante 14 años

voluntad de Dios y no es una evidencia de que el poder de Dios obre permanentemente en este nivel.

El segundo nivel de poder es la manifestación del poder de Dios por medio de la luz azul

Malaquías 4:2 nos dice: *"Mas a vosotros los que teméis mi nombre, nacerá el Sol de justicia, y en sus alas traerá salvación; y saldréis, y saltaréis como becerros de la manada"*. Las personas que tienen sus ojos espirituales abiertos pueden ver luces resplandecientes parecidas a la luz del rayo láser en el momento de la sanidad.

El segundo nivel de poder aleja la oscuridad y libera a las personas que están bajo la posesión de los demonios, el control de Satanás, y dominados por varias clases de espíritus malignos. Diversas enfermedades mentales causadas por las fuerzas de la oscuridad, incluyendo el autismo, ataques de nervios y otras parecidas, son sanadas por el segundo nivel de poder.

Todas estas clases de enfermedades no podrán afectarnos si nos 'regocijamos en el Señor siempre' y 'damos gracias en todo'. Pero si en lugar de estar siempre gozoso y dar gracias a Dios en todo tiempo, usted empieza a odiar a los demás, guarda resentimiento, maquina malos pensamientos y se enoja fácilmente, entonces usted estará más propenso a tales enfermedades. Cuando las huestes de Satanás que inducen a que el hombre tenga malos pensamientos y un corazón malvado son expulsadas, todas estas enfermedades mentales serán sanadas instantáneamente.

A veces, por medio del segundo nivel del poder de Dios, enfermedades y discapacidades físicas son sanadas. Tales enfermedades y discapacidades ocasionadas por la obra de los demonios y huestes espirituales son sanadas por la luz del segundo nivel del poder de Dios. En este caso la palabra 'discapacidad' se refiere a lesiones permanentes y defectos físicos, como en el caso de los mudos, sordos, cojos, ciegos, los que sufren de diversas clases de parálisis y otros casos parecidos.

En Marcos capítulo 9, del versículo 14 en adelante, leemos que Jesús echó fuera un 'espíritu sordo y mudo' de un niño (v. 25). Este niño había quedado sordo y mudo por obra de un espíritu maligno en él. Cuando Jesús echó fuera el espíritu malo, el niño fue sanado en el acto.

De la misma manera, cuando una enfermedad es causada por la obra de los demonios, estos espíritus malignos deben ser echados fuera para que el enfermo sea sanado. Si alguien sufre de problemas en el sistema digestivo ocasionados por crisis o reacciones nerviosas, primero se debe atacar la verdadera causa del problema, es decir erradicar la obra de Satanás. En otro tipo de enfermedades tales como la parálisis y artritis, también podemos encontrar la obra y presencia de los espíritus malignos. A veces, aunque la ciencia médica no puede detectar ningún mal o enfermedad en el cuerpo, la gente sufre de dolor en diferentes partes de su cuerpo. Cuando oro por personas que sufren con esta clase de enfermedades, algunos hermanos que tienen los ojos espirituales abiertos, a menudo ven la fuerza de la oscuridad en forma de animales inmundos que salen de sus cuerpos.

Además de combatir las fuerzas de la oscuridad que ocasionan las enfermedades y discapacidades físicas, el segundo nivel del poder de Dios, también puede invalidar las fuerzas de la oscuridad que operan en el hogar, los negocios y en el trabajo. Cuando una persona que puede manifestar el segundo nivel del poder de Dios se encuentra con personas que sufren persecución en casa y tienen problemas en el trabajo y los negocios, ya que la oscuridad se desvanece y la luz espiritual llega a estas personas, reciben bendiciones de acuerdo a su fe y obras.

Levantar a los muertos o quitar la vida de alguien de acuerdo a la voluntad de Dios son también evidencias del segundo nivel del poder de Dios. Veamos algunos ejemplos: La resurrección de un joven llamado Eutico por el apóstol Pablo (Hechos 20:9-12), la mentira de Ananías y Safira al apóstol Pedro lo cual les ocasionó la muerte (Hechos 5:1-11), y la muerte de unos niños por la palabra de Eliseo (2 Reyes 2:23-24).

Sin embargo, hay diferencias muy claras entre la obra de Jesús y la obra de los apóstoles Pablo, Pedro y el Profeta Eliseo. En primer lugar, Dios el Señor de todos los espíritus, en Su soberanía, era el que determinaba si alguien había de vivir o no.

"¡Oh, Dios!
¿Cómo es posible?
¿Cómo es posible que pueda caminar?"

Una anciana de Kenia pudo caminar
solamente después de la oración desde el púlpito

No obstante, puesto que Jesús y Dios son uno y la misma persona, la voluntad de Jesús era la misma voluntad de Dios. Esta es la razón por la cual Jesús podía levantar a los muertos solamente al mandato de Su palabra (Juan 11:43-44), mientras que otros profetas y apóstoles tuvieron que pedir a Dios Su voluntad y permiso para resucitar a alguien.

El tercer nivel de poder es la manifestación del poder de Dios a través de la luz blanca o transparente, y está acompañada de diversas señales y de la obra de la creación.

En el tercer nivel del poder de Dios se manifiestan diversas señales así como la obra de la creación. La palabra 'señales' se refiere a las sanidades por medio de las cuales los ciegos recobran la vista, los mudos hablan, y los sordos oyen. Los cojos se ponen de pie y caminan, las piernas acortadas recobran su tamaño normal, y la parálisis infantil o parálisis cerebral son completamente sanadas. Partes del cuerpo deformes o totalmente imposibilitadas de nacimiento son reconstruidas. Los huesos rotos son solidificados, los huesos que no existen son creados, las lenguas pequeñas crecen, y los tendones son reconectados. Además, puesto que las luces del primer, segundo y tercer nivel del poder de Dios se manifiestan juntamente en el tercer nivel en diversas maneras, ninguna enfermedad ni

"Ni siquiera podía mirar mi cuerpo
que estaba totalmente quemado...

Estando a solas,
Él vino hacia mí,
extendió Su mano,
Y me atrajo a Su lado...

Por su amor y pasión
He recibido una vida nueva...
¿Habrá alguna cosa
que no pueda hacer en agradecimiento al
Señor?"

Diaconisa Eundeuk Kim,
sanada de una quemadura de tercer grado
en todo su cuerpo

discapacidad física representará un problema. Incluso si una persona sufre quemaduras en todo su cuerpo de modo que sus células y músculos se calcinan, o aunque su piel se queme con agua hirviendo, Dios puede crear todo nuevamente. Así como Dios puede crear algo de la nada, Él puede reparar no sólo objetos inanimados como máquinas sino también partes dañadas del cuerpo humano.

En la Iglesia Central de Manmin, a través de la oración del pañuelo o de la oración grabada como mensaje telefónico, órganos internos que no funcionaban apropiadamente o que habían sido seriamente deteriorados ahora son restituidos. Asimismo, las obras del poder de la creación se manifiestan continuamente en el tercer nivel del poder de Dios sanando pulmones en estado crítico y riñones e hígados que necesitaban trasplantes.

Sin embargo, hay algo que debemos diferenciar claramente. Por un lado, si una parte del cuerpo que ha estado débil recupera su actividad normal, es por la obra del primer nivel del poder de Dios. Por otro lado, si una parte del cuerpo que no tenía ninguna posibilidad de recuperación es restaurada o recreada, esta es la obra del tercer nivel del poder de Dios, el poder de la creación.

El cuarto nivel del poder es la manifestación del poder de Dios por la luz dorada, y es la realización del poder.

Como podemos afirmar por las obras de poder manifestadas por Jesús, el cuarto nivel de poder gobierna todas las cosas, controla el clima e incluso ordena que las cosas inanimadas le obedezcan. En Mateo 21:19, cuando Jesús maldijo a una higuera, encontramos que posteriormente 'se secó la higuera'. En Mateo 8:23 en adelante hay una escena en la que Jesús reprendió a los vientos y las olas, y todo quedó completamente tranquilo. Incluso la naturaleza y los objetos inanimados como los vientos y el mar se sometieron al mandato de Jesús.

En una ocasión, Jesús dijo a Pedro que bogue mar adentro y eche sus redes para pescar, y cuando Pedro obedeció, atrapó una enorme cantidad de peces de manera que sus redes empezaron a romperse (Lucas 5:4-6). En otra ocasión, Jesús dijo a Pedro: *"Ve al mar, y echa el anzuelo, y el primer pez que saques, tómalo, y al abrirle la boca, hallarás un estatero; tómalo, y dáselo por mí y por ti"* (Mateo 17:27).

Puesto que Dios creó todas las cosas que existen en el universo por Su Palabra, cuando Jesús daba órdenes al mar y a los vientos, estos le obedecían y se sometían. De la misma manera, cuando alcancemos una fe verdadera, tendremos la certeza de lo que esperamos y la convicción de las cosas que no vemos (Hebreos 11:1), y manifestaremos las obras del poder que crea todas las cosas de la nada.

Además, en el cuarto nivel del poder de Dios, las obras de poder se manifiestan trascendiendo el tiempo y el espacio.

Entre las manifestaciones del poder de Dios que Jesús reveló, algunas trascendieron el tiempo y el espacio. En el libro de Marcos 7:24 en adelante leemos acerca de una mujer que pidió a Jesús que sanara a su hija quien estaba poseída por un demonio. Al ver la humildad y fe de la mujer, Jesús le dijo: *"Por esta palabra, ve; el demonio ha salido de tu hija"* (versículo 29). Cuando la mujer regresó a casa, encontró a su hija acostada en la cama y libre de la posesión del demonio.

Aunque Jesús no visitó a cada uno de los enfermos personalmente, cuando veía la fe de ellos y daba la orden con la palabra, ocurrían sanidades que trascendían el tiempo y el espacio.

El hecho de que Jesús caminara sobre el agua, lo cual es una evidencia del poder que solamente Él manifiesta, también da testimonio del hecho de que todo lo que existe en el universo está bajo la autoridad de Jesús.

Además, Jesús nos dice en Juan 14:12: *"De cierto, de cierto os digo: El que en mí cree, las obras que yo hago, él las hará también; y aun mayores hará, porque yo voy al Padre"*. Tal como nos lo prometió, obras verdaderamente asombrosas del poder de Dios son manifestadas en la Iglesia Central Manmin en

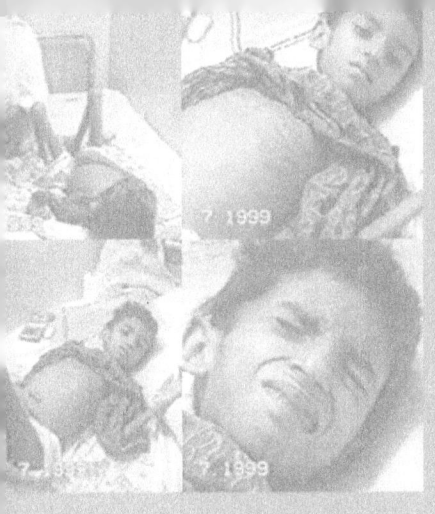

"Es tan doloroso
que no puedo abrir mis ojos...
nadie sabía lo que yo sentía,
pero el Señor que todo lo conoce
me sanó".

Cynthia de Pakistán,
sanada de enfermedad celíaca e íleo intestinal

la actualidad.

Por ejemplo: vemos que diversos prodigios se producen en el cambio del clima; en el momento en que oro, en un abrir y cerrar de ojos las lluvias torrenciales se detienen, nubarrones se retiran o dispersan y un cielo despejado se llena de bellas nubes. También ha habido numerosos ejemplos en los que objetos inanimados obedecieron mi oración. Incluso en el caso de peligro de muerte por envenenamiento de monóxido de carbono, inmediatamente después de mi oración, la persona que había estado inconsciente despertó y todos sus síntomas desaparecieron por completo. Cuando oré por una persona que sufría de quemaduras de tercer grado, diciendo: "Sensación de ardor, ¡desaparece!", todos sus dolores desaparecieron.

Además, las obras del poder de Dios que trascienden el tiempo y espacio están ocurriendo cada día más y de manera sorprendente. Es notable el caso muy particular de Cynthia, hija del Reverendo Wilson Juan Gil, Pastor Principal de la Iglesia Manmin de Pakistán. Cuando oré por Cynthia teniendo solo su fotografía en Seúl, Corea, esta niña a quien los médicos habían desahuciado de manera definitiva, fue sanada instantáneamente en el momento en que oré por ella estando a miles de millas de distancia.

En el cuarto nivel de poder podemos manifestar la autoridad para sanar enfermedades, repeler las fuerzas de la oscuridad, manifestar señales y prodigios, y lograr que todas las cosas nos obedezcan; estas son las obras combinadas del primer, segundo, tercer y cuarto nivel de poder.

El altísimo poder de la creación

La Biblia registra las manifestaciones del poder de Jesús, las cuales sobrepasan el cuarto nivel de poder. Este nivel de poder, el más poderoso, es el mismo poder de Dios el Creador. Este poder no se manifiesta de la misma manera en que actúan los demás niveles de poder. Por el contrario, viene de la luz original que iluminaba antes que Dios creara el universo.

En Juan 11 leemos que Jesús ordenó a Lázaro, quien había estado muerto durante cuatro días y cuyo cuerpo despedía un olor terrible: *"¡Lázaro, ven fuera!"*. A su mandato, Lázaro salió del sepulcro, sus manos y pies atados con vendas de lino, y su rostro envuelto en un sudario (versículos 43-44).

Solamente después que una persona se ha apartado de toda clase de mal, se ha santificado, ha llegado a asemejarse al corazón de Dios el Padre, y ha alcanzado el nivel del espíritu, podrá entrar en el reino espiritual. Mientras más conocimiento del reino espiritual obtenga, mayor poder de Dios manifestará por encima del cuarto nivel.

En esta etapa uno alcanza el nivel de poder que solamente puede ser manifestado por la Deidad y es el 'altísimo poder de la creación". Cuando el hombre alcanza este poder en su totalidad, al igual que en el tiempo cuando Dios creó todo en el universo por Su Palabra, también manifestará maravillosas obras de creación.

Por ejemplo: cuando ordene a un ciego, diciendo: "¡Abre tus ojos!", este hombre inmediatamente recobrará la vista. Cuando le ordene a un mudo: "¡Habla!", al instante esta persona podrá hablar. Cuando le diga a un paralítico: "¡Ponte de pie!", el paralítico caminará y correrá. Asimismo, al mandato de su palabra, cicatrices y órganos del cuerpo en proceso de descomposición serán reconstruidas.

Estas maravillosas obras se producen por la luz y la voz de Dios, quien había existido en forma de luz y voz desde antes de la creación del mundo. Cuando el poder ilimitado de la creación que opera en la luz es activado por la voz, la luz desciende y la obra de la creación se manifiesta. Esta es la manera en que las personas, quienes están gravemente enfermas y a punto de morir, y en que enfermedades y discapacidades físicas que no pueden ser sanadas por el primer, segundo o tercer nivel de poder, son sanadas.

Cómo recibir el poder de Dios que es luz

¿Cómo podemos asemejarnos al corazón de Dios que es luz,

recibir Su poder y guiar a numerosas almas al camino de la salvación?

En primer lugar, no sólo debemos apartarnos de toda clase de mal y alcanzar la santificación, sino también obtener la bondad de corazón y anhelar el más alto nivel de la bondad.

Si usted no muestra ninguna clase de resentimiento o malestar contra alguien que le causó muchos problemas o le ofendió, ¿quiere decir que ya ha alcanzado la bondad del corazón? No, necesariamente. Incluso si en su corazón no hay ninguna raíz de amargura o un sentimiento de malestar y usted todo lo soporta y perdona, ante los ojos de Dios éste es recién el primer paso a la bondad.

Cuanto más alto sea el nivel de la bondad, sus palabras y conducta conmoverán la conducta de las personas que le causan problemas o le ofenden. En el mayor nivel de bondad con el que Dios se agrada, uno debe ser capaz de dar su propia vida por su enemigo.

Jesús pudo perdonar a aquellos que lo estaban crucificando y entregó su vida por ellos porque poseía el mayor nivel de bondad. Moisés y el Apóstol Pablo estaban dispuestos a dar sus vidas por esas mismas personas que procuraban matarlos.

Cuando Dios estuvo a punto de destruir al pueblo de Israel,

quienes se rebelaron al adorar un ídolo, se quejaron y se enojaron contra Él aun cuando habían visto y oído grandes señales y prodigios, ¿cómo reaccionó Moisés? Lleno de compasión intercedió por ellos ante Dios diciendo: *"que perdones ahora su pecado, y si no, ráeme ahora de tu libro que has escrito"* (Éxodo 32:32). El Apóstol Pablo tenía el mismo sentir. Al confesar en Romanos 9:3: *"Porque deseara yo mismo ser anatema, separado de Cristo, por amor a mis hermanos, los que son mis parientes según la carne"*, podemos entender que él había alcanzado el mayor nivel de bondad y por lo tanto, las grandes obras del poder de Dios siempre lo acompañaban.

En segundo lugar, debemos obtener el amor espiritual.

El amor se ha enfriado considerablemente en estos días. Aunque muchos dicen 'te amo', con el pasar del tiempo vemos que la mayor parte de este 'amor' es el amor en la carne que se desvanece. El amor de Dios es el amor espiritual que va en aumento día tras día, y está descrito detalladamente en 1ra Corintios 13.

En primer lugar: *"El amor es sufrido, es benigno; el amor no tiene envidia"* (v.4). Nuestro Señor ha perdonado todos nuestros pecados y faltas, y ha abierto el camino de la salvación esperando con paciencia incluso a aquellos que por haber hecho tanto mal no merecen ser perdonados. Sin embargo, aunque confesamos nuestro amor al Señor, ¿no divulgamos los pecados y errores de nuestros hermanos y hermanas rápidamente? ¿Juzgamos y condenamos inmediatamente a otros cuando algo o alguien no es de nuestro agrado? ¿Nos sentimos celosos de alguien que está prosperando económicamente o sentimos envidia?

También, *"el amor no es jactancioso, y no se envanece"* (v. 4). Aunque podamos aparentar que estamos glorificando al Señor exteriormente, si tenemos un corazón que busca el reconocimiento de los demás, darse a conocer, y creemos que somos mejores o que sabemos más que los demás debido a nuestra posición o autoridad, sería una actitud de arrogancia y orgullo.

Además el amor *"no hace nada indebido, no busca lo suyo, no se irrita, no guarda rencor"* (v. 5). Nuestra mala conducta hacia Dios y las personas, nuestros corazones inconstantes y mentes de doble ánimo, nuestro esfuerzo por ser mejores incluso a costa de los demás, nuestra rápida tendencia a guardar rencor y a criticar a los demás y otras actitudes parecidas, no son evidencias o cualidades del amor.

Asimismo, el amor *"no se goza de la injusticia, mas se goza de la verdad"* (v. 6). Si tenemos amor, siempre debemos caminar y regocijarnos en la verdad. Como se nos dice en 3 Juan 1:4: "No tengo yo mayor gozo que este, el oír que mis hijos andan en la verdad"; la verdad debe ser la causa de nuestro gozo y felicidad.

Finalmente, el amor *"todo lo sufre, todo lo cree, todo lo espera, todo lo soporta"* (v. 7). Los creyentes que realmente aman a Dios conocen bien Su voluntad, y por lo tanto, todo lo creen. Ya que esperamos ansiosamente y en verdad creemos en el retorno de nuestro Señor a la Tierra, en la resurrección de los creyentes, en las recompensas en el Cielo, y en otras promesas de Dios, cada día buscamos las cosas de arriba, soportamos todas las aflicciones, y nos esforzamos por obedecer Su voluntad.

Para demostrar Su amor por aquellos que obedecen la verdad y viven en la bondad, amor y otras virtudes mencionadas en la Biblia, Dios les da Su poder como un regalo. También anhela bendecir y suplir las necesidades de todos aquellos que se esfuerzan por caminar en la luz.

Por lo tanto, al escudriñar y humillar su corazón, usted que anhela recibir las bendiciones y respuestas de Dios, debe estar dispuesto a ser usado por Dios como un vaso útil y así experimentar el poder de Dios, ¡en el nombre de nuestro Señor Jesucristo, es mi oración!

Los ojos de los ciegos se abrirán

Jesús sana a un hombre ciego de nacimiento

El milagro de abrir los ojos de los ciegos en la Iglesia Central Manmin

Juan 9:32-33

Desde el principio
no se ha oído decir
que alguno abriese
los ojos a uno que nació ciego.
Si éste no viniera de Dios,
nada podría hacer.

En Hechos 2:22, Pedro, uno de los discípulos de Jesús, después de recibir el Espíritu Santo, se dirigió a los judíos citando las palabras del Profeta Joel: *"Varones israelitas, oíd estas palabras: Jesús Nazareno, varón aprobado por Dios entre vosotros con las maravillas, prodigios y señales que Dios hizo entre vosotros por medio de él, como vosotros mismos sabéis".* Las extraordinarias manifestaciones de poder que Jesús llevó a cabo, así como las señales y prodigios, eran las evidencias que daban testimonio de que el Jesús a quien los judíos crucificaron, era efectivamente el Mesías cuya venida había sido profetizada en el Antiguo Testamento.

Además, Pedro personalmente llegó a manifestar el poder de Dios después de haber recibido el poder del Espíritu Santo. Sanó a un hombre cojo de nacimiento que pedía limosna (Hechos 3:8), e incluso la gente sacaba los enfermos a las calles y los ponía en camas y lechos, para que al pasar Pedro, a lo menos su sombra cayese sobre alguno de ellos (Hechos 5:15).

Puesto que el poder es la garantía que confirma el respaldo de Dios con aquel que manifiesta el poder y es la forma más efectiva de plantar la semilla de fe en los corazones de los no creyentes, Dios ha dado el poder a aquellos siervos a quien en Su soberanía ha escogido.

Jesús sana a un hombre ciego de nacimiento

El relato de Juan 9 empieza con el encuentro entre Jesús y un hombre ciego de nacimiento. Los discípulos de Jesús, queriendo saber por qué este hombre había nacido ciego, le preguntaron: *"Rabí, ¿quién pecó, éste o sus padres, para que haya nacido ciego?"* (Vers. 2). Respondiendo Jesús les explicó que este hombre había nacido ciego para que las obras de Dios se manifestasen en él (Vers. 3). Dicho esto, escupió en tierra e hizo un poco de lodo con la saliva, y untó los ojos del ciego y le dijo: *"Ve a lavarte en el estanque de Siloé"* (Vers. 7). Cuando el hombre obedeció inmediatamente y se lavó en el estanque de Siloé, sus ojos fueron abiertos.

Aunque en la Biblia encontramos muchas otras personas a quienes Jesús sanó, hay un detalle que hace que este hombre ciego sea diferente del resto. Él no pidió a Jesús que lo sanara; por el contrario, Jesús vino a él y lo sanó por completo.

¿Por qué, entonces, este hombre ciego de nacimiento recibió tan abundante gracia?

En primer lugar, este hombre fue obediente.

Aparentemente, nada de lo que Jesús hizo: escupir en el suelo, hacer barro, poner el barro en los ojos del hombre ciego, y decirle que vaya y se lave en el estanque de Siloé, parece tener lógica. El sentido común no permite a un hombre natural creer que los ojos de una persona ciega puedan ser abiertos después de poner un poco de barro en sus ojos y lavarlos en agua. Además, si esta persona escuchó este mandato sin saber quién era Jesús, él como la mayoría de personas no sólo dudarían sino que seguramente también se enojarían. No obstante, esto no sucedió con este hombre; él fue obediente y se lavó los ojos en el estanque de Siloé, como Jesús se lo ordenó. El sorprendente resultado fue que sus ojos que habían estado cerrados desde su nacimiento, fueron abiertos por primera vez y el hombre empezó a ver.

Si usted piensa que la Palabra de Dios no concuerda con el sentido común o con la experiencia del hombre, empiece a obedecer Su Palabra con un corazón humilde con la misma humildad de corazón de este hombre que había nacido ciego. Entonces la gracia de Dios vendrá sobre usted y, así como los ojos del hombre ciego fueron abiertos, usted también experimentará maravillosos resultados.

En segundo lugar, los ojos espirituales del hombre ciego de nacimiento, los cuales podían distinguir entre la verdad y el error, fueron abiertos.

De su conversación con los judíos después de haber sido sanado, podemos asegurar que, aunque los ojos del hombre ciego estaban cerrados físicamente, tenía un buen corazón y podía distinguir la verdad del error. Por el contrario, los judíos estaban ciegos espiritualmente, encerrados en las rigurosas prohibiciones de la ley. Cuando ellos le preguntaron cómo había sido sanado, el hombre que había sido ciego, sin temor respondió: *"Aquel hombre que se llama Jesús hizo lodo, me untó los ojos, y me dijo: Ve al Siloé, y lávate; y fui, y me lavé, y recibí la vista"* (vers. 11).

Llenos de incredulidad, cuando los judíos volvieron a preguntar al hombre que había estado ciego: *"¿Qué dices tú del que te abrió los ojos?"*, el hombre respondió: *"Que es profeta"* (vers. 17). Este hombre llegó a la conclusión de que si Jesús tenía el poder para sanar la ceguera, debe haber sido un hombre de Dios. Burlándose, los judíos respondieron al hombre: *"Da gloria a Dios; nosotros sabemos que ese hombre es pecador"* (vers. 24).

¡Cuán equivocados estaban! Dios no responde la oración de un pecador. Tampoco da Su poder a un pecador para abrir los ojos de un hombre ciego, para recibir gloria. Aunque los judíos no podían creer ni comprender esto, el hombre que había estado ciego afirmó y confesó con convicción: *"Y sabemos que Dios no oye a los pecadores; pero si alguno es temeroso de Dios, y hace su voluntad, a ése oye. Desde el principio no se ha oído decir que alguno abriese los ojos a uno que nació ciego. Si éste no viniera de Dios, nada podría hacer"* (vers. 31-33).

Puesto que el milagro de abrir los ojos a un ciego nunca antes había ocurrido, cualquier persona que escuchara acerca de la sanidad de este hombre debería haberse regocijado y alegrado con él. Por el contrario, esto provocó entre los judíos un espíritu de juicio, crítica y hostilidad. Ya que los judíos estaban muy cegados espiritualmente, pensaban que estaban haciendo la voluntad de Dios al oponerse a Jesús. La Biblia, no obstante, nos dice que solamente Dios puede abrir los ojos de los ciegos. Salmos 146:8 nos recuerda: *"Jehová abre los ojos a los ciegos; Jehová levanta a los caídos; Jehová ama a los justos"*. También Isaías 29:18 nos dice: *"En aquel tiempo los sordos oirán las palabras del libro, y los ojos de los ciegos verán en medio de la oscuridad y de las tinieblas"*. En Isaías 35:5 también leemos: *"Entonces los ojos de los ciegos serán abiertos, y los oídos de los sordos se abrirán"*. En este caso, las expresiones "En aquel tiempo" y "Entonces" hacen referencia al tiempo en que Jesús vino a la Tierra y abrió los ojos de los ciegos.

Aunque los judíos conocían estos pasajes y evidencias en las Escrituras, enceguecidos por su religiosidad y maldad, no podían creer que la obra de Dios se manifestara a través de Jesús, y lo acusaban de ser un hombre pecador que no guardaba la Palabra de Dios. Aunque el hombre que había estado ciego no tenía mucho conocimiento de la ley, en su buena conciencia conocía la verdad: que Dios no oye a los pecadores. También pudo entender que solamente Dios puede abrir los ojos de los ciegos.

En tercer lugar, después de recibir la gracia de Dios, el hombre que había estado ciego vino al Señor y decidió empezar una vida totalmente nueva.

Hasta el día de hoy, en la Iglesia Central Manmin he visto muchos casos en los que personas que estaban al borde de la muerte fueron levantadas y recibieron respuestas a diversas clases de problemas. Sin embargo, me entristezco por otras personas cuyos corazones cambian a pesar de haber recibido la gracia de Dios y por aquellos que renuncian a su fe y regresan a la vida mundana. Cuando sus vidas están en dolor y angustia, estas personas vienen llorando a pedir oración, y prometen: "Si Dios me sana, viviré solamente para Él". Cuando reciben la sanidad y las bendiciones, se apartan de la gracia de Dios y se desvían de la verdad en busca de sus propios beneficios; no recuerdan que sus problemas de salud han sido solucionados, porque sus espíritus se han alejado del camino de la salvación, y van camino al Infierno.

En cambio, el hombre que había nacido ciego tenía un buen corazón que no estaba dispuesto a apartarse de la gracia de Dios. Es por eso que cuando se encontró con Jesús, no sólo fue sanado de la ceguera sino que también recibió la bendición de la salvación. Cuando Jesús le preguntó: *"¿Crees tú en el hijo de Dios?"* El hombre respondió: *"¿Quién es, Señor, para que crea en él?"* (vers. 35-36). Cuando Jesús le contestó: *"Pues le*

*"Mamita,
todo está muy brillante...
Por primera vez,
estoy viendo la luz...
nunca pensé
que esto me pasaria ..."*

Jennifer Rodríguez de las Filipinas,
quién era ciega de nacimiento, pudo ver por primera vez a los ocho años

has visto, y el que habla contigo, él es", el hombre confesó: *"Creo, Señor"* (vers. 37-38). Este hombre no sólo 'creyó' sino que también reconoció a Jesús como el Cristo. Al hacer esta firme confesión, decidió seguir solo al Señor y vivir únicamente para Él.

Dios quiere que todos nos acerquemos a Él con esta clase de corazón. Quiere que le busquemos no sólo porque sana nuestras enfermedades y nos bendice. Desea que comprendamos Su amor verdadero que de gracia entregó a Su Hijo Unigénito por todos nosotros y desea que recibamos a Jesús como nuestro Salvador.

Además tenemos que amarlo no sólo de labios sino también con nuestra obediencia a la Palabra de Dios. Él nos dice en 1 Juan 5:3: *"Pues este es el amor a Dios, que guardemos sus mandamientos; y sus mandamientos no son gravosos"*. Si realmente amamos a Dios, debemos renunciar a toda clase de mal en nosotros y caminar en la luz todos los días.

Cuando pedimos a Dios algo con esta clase de fe y amor, ¿cómo no nos ha de responder? En Mateo 7:11, como Jesús nos promete: *"Pues si vosotros, siendo malos, sabéis dar buenas dádivas a vuestros hijos, ¿cuánto más vuestro Padre que está en los cielos dará buenas cosas a los que le pidan?"*, crea que nuestro Padre Dios contestará las oraciones de sus amados hijos.

Por lo tanto, no importa la clase de enfermedad o problema con el que usted se acerque a Dios. Al confesar, "¡Señor, creo!" desde lo profundo de su corazón, y cuando usted de evidencia de

"Mi corazón me guió a ese lugar...
Solamente buscaba la misericordia de Dios...
¡Él me dio un gran regalo;
lo que me hace sentir más feliz
que poder ver, es el hecho
de haber conocido al Dios viviente!"

María de Honduras,
quién había perdido la vista en su ojo derecho cuando tenía dos años,
recuperó la vista después de recibir la oración del Dr. Jaerock Lee

las obras de su fe, el Señor que sanó a un hombre ciego de nacimiento sanará cualquier clase de enfermedades, cambiará las cosas imposibles en posibles, y solucionará todos sus problemas.

El milagro de abrir los ojos de los ciegos en la Iglesia Central Manmin

Desde su fundación en 1982, la Iglesia Manmin ha glorificado grandemente a Dios a través del milagro de abrir los ojos de muchísimas personas que habían estado ciegas. Muchos que habían sido ciegos de nacimiento recibieron la vista después de la oración. La visión de muchos otros cuya vista era defectuosa y necesitaban usar lentes o lentes de contacto volvió a la normalidad. Entre estos muchos asombrosos testimonios, mencionaré solo algunos ejemplos:

Cuando estaba predicando en una Gran Cruzada Unida en Honduras en julio del año 2002, conocí a una niña de doce años llamada María, quien había perdido la visión en su ojo derecho a causa de una fiebre muy alta ocurrida cuando tenía dos años. Sus padres hicieron varios intentos para que pueda recuperar su visión, sin ningún resultado positivo. Incluso el trasplante de córnea que María recibió no le ayudó en lo absoluto. Durante los siguientes diez años, después del fracaso del trasplante, María ni siquiera podía distinguir la luz con su ojo derecho.

"Los médicos me dijeron
que pronto quedaría ciego...
todo a mi alrededor empezó a
oscurecerse...

¡Gracias, Señor,
por darme la luz...!

He estado esperándote ..."

El Reverendo Ricardo Morales de Honduras,
quién quedó casi ciego después de un accidente,
pero recuperó la vista

Entonces en el año 2002, con un sincero deseo por recibir la gracia de Dios, María asistió a la cruzada y después que oré por ella, empezó a distinguir la luz, y al poco tiempo recuperó la vista totalmente. Los nervios de su ojo derecho que ya no funcionaban y estaban atrofiados fueron recreados por el poder de Dios. ¡Qué maravilla! ¡Gloria a Dios! Como resultado, una gran cantidad de hondureños se regocijaron y exclamaron: "¡Verdaderamente Dios está vivo y sigue haciendo maravillas hoy!"

El Pastor Ricardo Morales había perdido casi completamente la vista, pero fue sanado por medio del Agua Dulce de Muan. Siete años antes de la cruzada en Honduras, el Pastor Ricardo tuvo un accidente de tránsito en el que sufrió graves daños a la retina así como una fuerte hemorragia. Los médicos le dijeron que gradualmente perdería la visión y quedaría ciego. No obstante, fue sanado en el primer día de la Conferencia para Líderes de la Iglesia realizada en Honduras en el año 2002. Después de escuchar la Palabra de Dios, en un acto de fe el Pastor Ricardo puso el Agua Dulce de Muan en sus ojos y para su asombro, empezó a ver los objetos con más claridad. Al principio, como no había esperado algo así, el Pastor Ricardo no podía creerlo; aquella noche él asistió a la primera reunión de la cruzada con sus anteojos. Entonces, de repente, las lunas de sus lentes se cayeron y escuchó la voz del Espíritu Santo: "Si no te quitas los anteojos ahora, quedarás ciego". El Pastor Ricardo entonces se quitó los anteojos y se dio cuenta que podía ver todo claramente. Su vista fue restituida, y glorificó a Dios en gran manera.

En la Iglesia Manmin de Nairobi en Kenia, un joven llamado Kombo en una ocasión visitó su cuidad natal, la cual está casi a 400 kilómetros (aproximadamente 250 millas) de la iglesia. Durante su visita, le predicó el evangelio a su familia y les contó de la maravillosa obra de poder de Dios en la Iglesia Central Manmin en Seúl. Oró por ellos usando el pañuelo por el que yo había orado. Kombo también obsequió a su familia un calendario que la iglesia había impreso.

Después de escuchar a su nieto predicar el evangelio, la abuela de Kombo, quien estaba ciega, sosteniendo el calendario con sus dos manos, se dijo a sí misma motivada con un sincero deseo: "Me gustaría poder ver una fotografía del Dr. Jaerock Lee, también". Lo que siguió fue realmente milagroso... Tan pronto como la abuela de Kombo extendió el calendario, sus ojos se abrieron y pudo ver la fotografía. ¡Aleluya! La familia de Kombo tuvo una experiencia personal de la obra del poder que abrió los ojos de los ciegos y de este modo llegaron a creer en el Dios viviente. Además, cuando las buenas nuevas de este incidente se extendieron en todo el pueblo, las personas pidieron que se estableciera una iglesia en su comunidad también.

Gracias a las innumerables obras del poder de Dios a nivel mundial, ahora hay miles de iglesias Manmin en todo el mundo, y el Evangelio de Santidad está siendo predicado hasta los últimos confines de la Tierra. Cuando uno reconoce y cree en el poder de Dios, también puede llegar a ser un heredero de sus bendiciones.

Así como sucedió en los tiempos de Jesús, en lugar de regocijarse y glorificar a Dios juntos, muchas personas hoy en día juzgan, condenan y hablan contra la obra del Espíritu Santo. Debemos darnos cuenta que este es un pecado terrible, tal como Jesús lo afirmó claramente en Mateo 12:31-32: *"Por tanto os digo: Todo pecado y blasfemia será perdonado a los hombres; mas la blasfemia contra el Espíritu no les será perdonada. A cualquiera que dijere alguna palabra contra el Hijo del Hombre, le será perdonado; pero al que hable contra el Espíritu Santo, no le será perdonado, ni en este siglo ni en el venidero".*

Para no oponerse a la obra del Espíritu Santo, sino por el contrario experimentar las extraordinarias obras del poder de Dios, primero debemos creer y anhelar las obras de Su poder, tal como lo hizo el hombre ciego de nacimiento en Juan 9. En la misma medida en que uno se santifique como un vaso limpio para recibir las respuestas por la fe, podrá experimentar las obras del poder de Dios mientras que otras personas no las experimentarán.

Como está escrito en Salmos 18:25-26: *"Con el misericordioso te mostrarás misericordioso, y recto para con el hombre íntegro. Limpio te mostrarás para con el limpio, y severo serás para con el perverso"*, que cada uno de ustedes, creyendo en Dios quien nos recompensa de acuerdo a nuestras obras y dando evidencia de sus obras de fe, llegue a obtener Sus bendiciones, ¡ruego esto en el nombre de nuestro Señor Jesucristo!

Marcos 2:3-12

Entonces vinieron a él unos trayendo un paralítico,
que era cargado por cuatro.
Y como no podían acercarse a él a causa de la multitud,
descubrieron el techo de donde estaba,
y haciendo una abertura,
bajaron el lecho en que yacía el paralítico.
Al ver Jesús la fe de ellos, dijo al paralítico:
Hijo, tus pecados te son perdonados.
Estaban allí sentados algunos de los escribas,
los cuales cavilaban en sus corazones:
¿Por qué habla éste así? Blasfemias dice.
¿Quién puede perdonar pecados, sino sólo Dios?
Y conociendo luego Jesús en su espíritu que
cavilaban de esta manera dentro de sí mismos,
les dijo: ¿Por qué caviláis así en vuestros corazones?
¿Qué es más fácil, decir al paralítico:
Tus pecados te son perdonados,
o decirle: Levántate, toma tu lecho y anda?
Pues para que sepáis que el Hijo del Hombre
tiene potestad en la tierra para perdonar pecados
(dijo al paralítico):
A ti te digo: Levántate, toma tu lecho, y vete a tu casa.
Entonces él se levantó en seguida, y tomando su lecho,
salió delante de todos,
de manera que todos se asombraron,
y glorificaron a Dios, diciendo: Nunca hemos visto tal cosa.

La Biblia nos relata que durante el ministerio de Jesús, muchos cojos y paralíticos recibieron completa sanidad y glorificaron a Dios en gran manera. Como Dios nos lo prometió en Isaías 35:6: *"Entonces el cojo saltará como un ciervo, y cantará la lengua del mudo"*, y otra vez en Isaías 49:8 leemos: *"En tiempo aceptable te oí, y en el día de salvación te ayudé; y te guardaré, y te daré por pacto al pueblo, para que restaures la tierra, para que heredes asoladas heredades"*; Él no sólo nos responderá sino también nos guiará a la salvación.

Este tema se está predicando continuamente hoy en la Iglesia Central Manmin, donde por medio del gran poder de Dios una gran cantidad de personas inválidas han comenzado a caminar, se han levantado de sus sillas de ruedas y ya no tienen necesidad de sus muletas.

¿Cómo era la fe del paralítico descrito en el libro de Marcos, capítulo 2, el cual vino a Jesús y recibió la salvación y las bendiciones? Pido a Dios en oración que si alguno de los que en este momento leen este libro no puede caminar debido a alguna enfermedad, se levante, camine y vuelva a correr con normalidad.

El paralítico escuchó hablar de Jesús

En el capítulo 2 del Evangelio de Marcos encontramos una detallada descripción de un paralítico que fue sanado por Jesús en su visita a Capernaum. En ese pueblo vivía un paralítico muy pobre que para ponerse de pie necesitaba la ayuda de los demás, y su única esperanza era la muerte. Sin embargo, escuchó hablar que Jesús había abierto los ojos de los ciegos, había levantado a los cojos, echado fuera espíritus malignos, y sanado a personas de toda clase de enfermedades. Ya que este hombre tenía un buen corazón, cuando oyó hablar de Jesús, se acordó de estas cosas y tuvo un profundo y sincero deseo de conocer a Jesús.

Un día, el paralítico escuchó que Jesús estaba en Capernaum. ¡Cuán emocionado y feliz debe haberse sentido deseando conocer a Jesús! El paralítico, sin embargo, no podía moverse por sí solo y por lo tanto pidió a algunos amigos que lo llevaran ante Jesús. Afortunadamente, como sus amigos también sabían quién era Jesús, aceptaron ayudarlo.

El paralítico y sus amigos acudieron a Jesús

El paralítico y sus amigos llegaron a la casa en donde Jesús estaba enseñando, pero a causa de la gran multitud que se había reunido, ni siquiera podían acercarse a la puerta, mucho menos podían entrar a la casa. Estas circunstancias no permitían que el paralítico y sus amigos llegaran a Jesús. Tal vez intentaron abrirse paso entre la multitud, diciendo: "¡Por favor, déjennos pasar! ¡Tenemos un amigo gravemente enfermo!" No obstante, había demasiada gente afuera y dentro de la casa. Si el paralítico y sus amigos no hubieran tenido suficiente fe, posiblemente hubieran regresado a casa sin haberse encontrado con Jesús.

Sin embargo, no se dieron por vencidos sino que mostraron su fe con obras. Después de pensar cuidadosamente cómo podían llegar hasta Jesús, como último recurso los amigos del paralítico hicieron una abertura en el techo de la casa y de esta manera pudieron entrar. Aunque sabían que tendrían que disculparse con el dueño de la casa y pagar por el perjuicio causado, el paralítico y sus amigos estaban decididos a llegar a Jesús y recibir sanidad.

La fe va acompañada de obras, y esas obras de fe pueden exteriorizarse solamente cuando usted se acerca a Dios con un corazón humilde. ¿Alguna vez ha pensado o se ha dicho a sí mismo: "Aunque quiero ir a la iglesia, mi enfermedad no me lo permite"? Si el paralítico hubiera confesado muchas veces: "Señor, creo que tú conoces que no puedo acudir a ti porque soy paralítico. También creo que me sanarás, aunque me quede postrado en mi cama", no podríamos decir que ha mostrado evidencias de su fe.

Sin importarle el sacrificio que tenía que hacer, el paralítico llegó a Jesús para recibir su sanidad. El paralítico creía y estaba seguro que sería sanado al encontrarse con Jesús, y pidió a sus amigos que lo llevaran a Él. Asimismo, ya que sus amigos también tenían fe, pudieron ayudar a su inválido amigo aunque para eso tuvieron que hacer una abertura y perforar el techo de un desconocido.

Si usted verdaderamente cree que será sanado al acercarse a Dios, vendrá a Él, mostrando así una clara evidencia de su fe. Por esta razón, después de hacer una abertura en el techo, los amigos del paralítico lo bajaron en el lecho en donde estaba postrado y lo presentaron ante Jesús. En esos tiempos, los techos en Israel eran planos y había una escalera al lado de cada casa por donde se podía fácilmente subir a la azotea. Asimismo, las tejas del techo podían ser retiradas fácilmente. Esta clase de construcciones permitieron que el paralítico llegara ante Jesús más cerca que los demás.

Podemos recibir las respuestas
después de arrepentirnos del pecado

En el Evangelio de Marcos 2:5, vemos que Jesús se maravilló en gran manera por las obras de fe del paralítico. ¿Por qué Jesús le dijo al paralítico antes de sanarlo: *"Hijo, tus pecados te son perdonados"?* Esto se debe a que el perdón de los pecados debe preceder a la sanidad.

En Éxodo 15:26, Dios nos dice: *"Si oyeres atentamente la voz de Jehová tu Dios, e hicieres lo recto delante de sus ojos, y dieres oído a sus mandamientos, y guardares todos sus estatutos, ninguna enfermedad de las que envié a los egipcios te enviaré a ti; porque yo soy Jehová tu sanador".* En este caso la frase "ninguna enfermedad de las que envié a los egipcios" se refiere a todas las enfermedades conocidas por el hombre. Por lo tanto, cuando obedecemos sus mandamientos y vivimos de acuerdo a Su Palabra, Dios nos protegerá de manera que ninguna enfermedad podrá afectarnos. También, en Deuteronomio 28 Dios nos promete que en tanto que obedezcamos y vivamos de acuerdo a su Palabra, ninguna enfermedad tocará nuestros cuerpos. En Juan 5, después de sanar a un hombre que había estado enfermo durante treinta y ocho años, Jesús le dijo: *"No peques más, para que no te venga alguna cosa peor"* (vers. 14).

Ya que toda enfermedad es consecuencia del pecado, antes de sanar al paralítico Jesús le perdonó sus pecados. Sin embargo, eso no significa que seremos perdonados solamente por acudir a Jesús. Para recibir sanidad, primero debemos arrepentirnos y apartarnos de todos nuestros pecados. Si usted es un pecador, ya no debe practicar el pecado; si antes mentía, debe renunciar a la mentira y si usted odiaba a su prójimo, ya no debe odiar más. Dios perdona solamente a aquellos que obedecen Su palabra. Además, el simple hecho de confesar con sus labios diciendo "¡creo!", no le garantiza el perdón; solamente cuando salimos de la oscuridad y venimos a la luz, entonces la sangre que nuestro Señor vertió en la cruz nos limpia de todos nuestros pecados (1 Juan 1:7).

El paralítico camina por el poder de Dios

En el Evangelio de Marcos 2, leemos que después de recibir el perdón, el hombre que había estado inválido se levantó, tomó su lecho y se fue a casa a vista de todas las personas presentes. Cuando vino a Jesús, estaba postrado en su lecho. Sin embargo, fue sanado en el momento en que Jesús le dijo: *"Hijo, tus pecados te son perdonados"* (vers. 5). En lugar de regocijarse por este milagro, sin embargo, los escribas empezaron a criticar y a murmurar entre ellos. Cuando Jesús dijo al hombre: *"Hijo, tus pecados te son perdonados"*, ellos pensaban: *"¿Por qué habla éste así? Blasfemias dice. ¿Quién puede perdonar pecados, sino sólo Dios?"* (vers. 7).

Entonces Jesús les dijo: *"¿Por qué caviláis así en vuestros corazones? ¿Qué es más fácil, decir al paralítico: Tus pecados te son perdonados, o decirle: Levántate, toma tu lecho y anda?*

Pues para que sepáis que el Hijo del Hombre tiene potestad en la tierra para perdonar pecados... " (versículos 8-10). Después de hablarles sobre la Providencia de Dios, cuando Jesús dijo al paralítico: *"A ti te digo: Levántate, toma tu lecho, y vete a tu casa"* (vers. 11), el hombre inmediatamente se levantó y empezó a caminar. En otras palabras, todo indica que para que el paralítico reciba la sanidad, primero recibió el perdón, y que Dios respaldaba todo lo que Jesús decía. Esto también es evidencia de que el Dios omnipotente da testimonio de que Jesús es el Salvador de la humanidad.

Ejemplos de personas que se levantaron, saltaron y caminaron

En Juan 14:11, Jesús nos dice: *"Creedme que yo soy en el Padre, y el Padre en mí; de otra manera, creedme por las mismas obras"*. Por lo tanto, debemos creer que el Padre Dios y Jesús son uno y la misma persona, quienes atestiguan que el paralítico que vino a Jesús en fe fue perdonado, se levantó, saltó y caminó por la palabra de Jesús.

A continuación, en Juan 14:12, Jesús también nos dice: *"De cierto, de cierto os digo: El que en mí cree, las obras que yo hago, él las hará también; y aun mayores hará, porque yo voy al Padre"*. Puesto que creí en toda la Palabra de Dios, después de recibir el llamado a ser un siervo de Dios ayuné y oré por varios días para recibir Su poder. Por consiguiente, desde los inicios de la Iglesia Manmin, hemos escuchado muchos testimonios de sanidad de enfermedades que la medicina moderna no había podido tratar.

Cada vez que la iglesia en conjunto pasaba por pruebas que al final resultaban en bendiciones, los milagros ocurrían más rápidamente y otras enfermedades más graves eran curadas. Durante las Reuniones Especiales de Avivamiento de dos semanas llevadas a cabo desde 1993 hasta el año 2004 y durante las Grandes Cruzadas Unidas realizadas a nivel internacional, un gran número de personas en todas partes del mundo han experimentado el asombroso poder de Dios.

Entre los muchos ejemplos de personas que se han levantado, saltado y caminado, he aquí algunos ejemplos:

Se levanta después de estar en una silla de ruedas por nueve años

El primer testimonio es el del Diácono Yoonsup Kim. En mayo del año 1990, cayó de una altura de casi cinco pisos al estar haciendo algunas instalaciones eléctricas en Taedok Science Town en Corea del Sur. Esto ocurrió antes de que Kim se convirtiera al Señor.

Inmediatamente después de este accidente, fue llevado a un Hospital in Yoosung, en la provincia de Choongnam, donde estuvo en estado de coma por seis meses. Una vez que despertó del estado de coma, sin embargo, el dolor producido por la presión y ruptura de la undécima y duodécima vértebra torácica y de una hernia en la primera y cuarta vértebra lumbar era insoportable. Los médicos del hospital informaron a Kim que su condición era crítica. Fue internado en otros hospitales varias veces. Sin embargo, al no encontrar mejoría o progreso en su condición, Kim fue declarado con discapacidad de primer grado. Alrededor de su cintura, Kim tenía que usar en todo momento una faja ortopédica para proteger su espina dorsal. Además, debido a que no podía acostarse tenía que dormir sentado.

Durante estos duros momentos, Kim fue evangelizado y vino a la Iglesia Manmin, donde empezó una vida nueva en Cristo. Cuando asistió a la Reunión Especial de Sanidad Divina en noviembre de 1998, Kim tuvo una extraordinaria experiencia. Antes de la reunión, no podía recostarse o ir al baño por sí solo. Después de recibir mi oración, pudo levantarse de su silla de ruedas y caminar con ayuda de muletas.

Para poder recibir una completa sanidad, el Diácono Kim asistió fielmente a todos los servicios y a las reuniones de adoración y oraba constantemente. Además, con un ferviente y sincero deseo de recibir la respuesta de Dios en la 7ma Reunión Especial de Avivamiento en mayo de 1999, se preparó en ayuno y

"No podía mover las piernas ni la cintura; mi corazón estaba muy afligido...

No podía recostarme, ni podía caminar... ¿en quién podía confiar?

¿Quién me ayudaría? ¿Cómo viviría así?"

El Diácono Yoonsup Kim en una silla de ruedas con una faja ortopédica para su

"*¡Aleluya!*
¡Dios está vivo! ¿No ven que puedo caminar?"

El Diácono Kim se regocija con otros miembros de la Iglesia Manmin después de recibir sanidad a través de la oración del Dr. Jaerock Lee

oración durante 21 días. Cuando oré por los enfermos desde el púlpito el primer día de la Reunión, el Diácono Kim sintió que un potente rayo de luz resplandeciente descendió sobre él y tuvo una visión en la que se veía corriendo. En la segunda semana de la Reunión, al ponerle las manos y orar por él, pudo sentir su cuerpo más liviano. Cuando el fuego del Espíritu Santo descendió sobre él desde la cabeza hasta los pies, recibió una fuerza sobrenatural en todo su cuerpo; pudo dejar de lado su faja ortopédica y muletas, caminar sin ninguna dificultad, y girar su cuerpo normalmente.

Por el poder de Dios, el hermano Kim ha podido caminar como una persona normal. Incluso maneja su bicicleta y fielmente sirve a Dios en la iglesia. Además, no hace mucho tiempo el Diácono Kim se casó y ahora tiene una vida realmente feliz.

Testimonios de quienes se levantaron de su silla de ruedas después de recibir la oración del pañuelo

En la Iglesia Manmin ocurren impresionantes eventos y milagros similares a los que están registrados en la Biblia; a través de ellos Dios es glorificado grandemente. Entre tales eventos y milagros está la manifestación del poder de Dios a través del pañuelo.

En Hechos 19:11-12, leemos lo siguiente: *"Y hacía Dios milagros extraordinarios por mano de Pablo, de tal manera que aun se llevaban a los enfermos los paños o delantales de su cuerpo, y las enfermedades se iban de ellos, y los espíritus malos salían".* De la misma manera, cuando los enfermos hacen contacto con los pañuelos sobre los cuales he orado o con cualquiera de mis objetos personales, la maravillosa obra de sanidad se manifiesta. Como resultado, muchas personas de todas partes del mundo nos han pedido que realicemos cruzadas de oración del pañuelo en sus propios países. Además gran cantidad de personas en países como África, Pakistán, Indonesia, las Filipinas, Honduras, Japón, China, Rusia y muchos otros también están experimentando los 'milagros extraordinarios' descritos en Hechos 19.

En abril del año 2001, uno de los pastores de la Iglesia Manmin dirigió una cruzada de oración del pañuelo en Indonesia, en donde muchísimas personas recibieron sanidad y glorificaron al Dios vivo. Entre ellos estaba el ex-gobernador de estado, quien había tenido que depender de una silla de ruedas. Cuando fue sanado a través de la oración del pañuelo, rápidamente este hecho se dio a conocer a través de la radio y televisión.

Luego, en mayo del año 2003, otro pastor de la Iglesia Manmin dirigió una cruzada de oración del pañuelo en China, en donde, entre muchos ejemplos de sanidad, un hombre que había dependido de muletas durante treinta y cuatro años, se puso de pie y pudo caminar por sí solo.

Ganesh se despoja de sus muletas durante el Festival de Oración por Sanidad Milagrosa en el año 2002 en India

En esta cruzada de oración por milagros y sanidades en la India, la cual se realizó en Playa Marina, en la ciudad de Chennai, donde predomina la religión hindú, más de tres millones de personas se reunieron, fueron testigos directos de la maravillosa obra del poder de Dios, y muchos de ellos se convirtieron al cristianismo. Antes de esta cruzada, las personas con problemas de reumatismo o con parálisis se recuperaban muy lentamente. Pero, desde el primer día de la cruzada en India, la obra de sanidad ha sobrepasado los límites de la capacidad humana.

Entre las persona que fueron sanadas había un joven de dieciséis años llamado Ganesh. Al manejar su bicicleta se cayó y se lastimó el hueso de la pelvis en el lado derecho. La difícil situación financiera por la cual su familia atravesaba le había impedido recibir un adecuado tratamiento médico. Después de un año, se desarrolló un tumor en el hueso de la pelvis y tuvo que someterse a una operación. Los médicos le colocaron una delgada placa de metal en el fémur y en las otras partes de la

*"¡Ya no siento
los nueve clavos
que lastimaban
mi carne y hueso!*

*Antes ni siquiera podía ponerme de pie
a causa del dolor,
¡pero ahora puedo caminar!"*

Ganesh pudo caminar
sin necesidad de sus muletas
después de recibir la oración
del Dr. Jaerock Lee

pelvis, y aseguraron la placa con nueve clavos. El insoportable dolor de los clavos le impedía subir y bajar las escaleras y tenía que caminar con la ayuda de muletas.

Cuando escuchó acerca de la cruzada, Ganesh asistió y experimentó la poderosa obra del Espíritu Santo. En el segundo día de esta cruzada de cuatro días, al recibir la 'Oración por los Enfermos' sintió un gran calor por todo su cuerpo, como si estuviera en una olla de agua hirviendo, y todo el dolor que sentía desapareció. Subió al estrado inmediatamente y dio testimonio de su sanidad. Desde entonces, no ha sentido ningún dolor en su cuerpo, ni ha usado muletas, y ha logrado caminar y correr normalmente.

Una mujer se levanta de su silla de ruedas en Dubái

En el mes de abril del 2003, mientras estaba en Dubái, en los Emiratos Árabes Unidos, una mujer de origen indio se levantó de su silla de ruedas en el instante en que oré por ella. Era una mujer inteligente que había estudiado en los Estados Unidos. Debido a problemas personales, estaba sufriendo de una conmoción mental, además de los efectos secundarios de un accidente de tránsito y de una complicación médica.

Cuando conocí a esta mujer por primera vez, ella no podía caminar, ni hablar y no podía recoger sus lentes del piso.

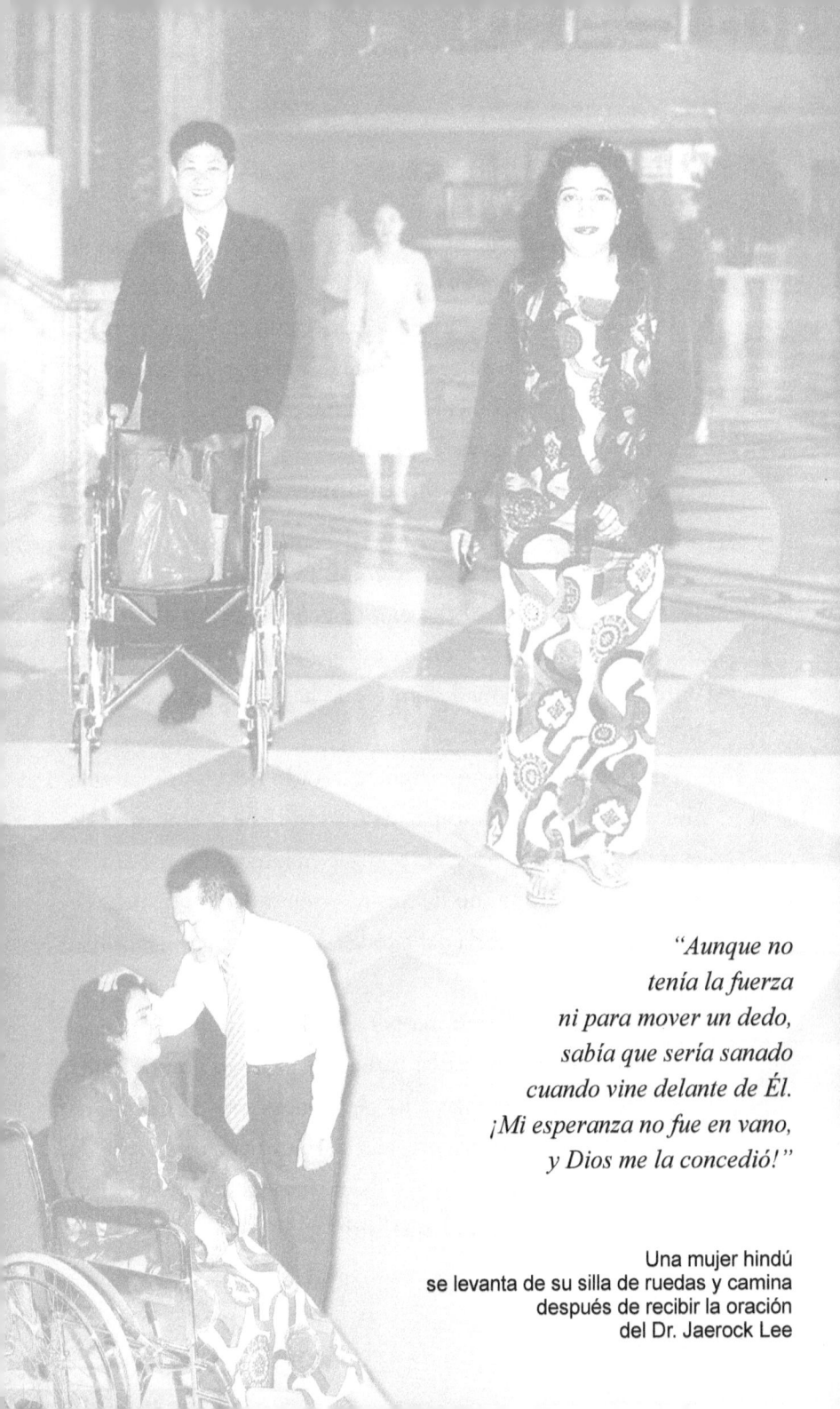

*"Aunque no
tenía la fuerza
ni para mover un dedo,
sabía que sería sanado
cuando vine delante de Él.
¡Mi esperanza no fue en vano,
y Dios me la concedió!"*

Una mujer hindú
se levanta de su silla de ruedas y camina
después de recibir la oración
del Dr. Jaerock Lee

También nos contó que no podía escribir ni levantar un vaso de agua porque se sentía muy débil. Al más leve contacto, sentía un dolor insoportable. Después de la oración, sin embargo, la mujer inmediatamente se levantó de su silla de ruedas. Incluso yo me quedé muy sorprendido cuando esta mujer, que no había tenido fuerzas ni para hablar hasta hace algunos minutos, podía ahora recoger sus pertenencias y salir de la habitación.

Jeremías 29:11 nos dice: *"Porque yo sé los pensamientos que tengo acerca de vosotros, dice Jehová, pensamientos de paz, y no de mal, para daros el fin que esperáis";* nuestro Padre Dios nos ha amado tanto que ha entregado a Su Hijo Unigénito por nosotros.

Por lo tanto, aunque usted ha estado llevando una vida miserable debido a la incapacidad física, tiene la esperanza de llevar una vida feliz y próspera por la fe en nuestro Padre Dios. Él no quiere ver a ninguno de Sus hijos en medio de pruebas y aflicción. Además, anhela dar a toda criatura paz, gozo, felicidad y un futuro mejor.

A través de la historia del paralítico descrito en Marcos 2, usted ha llegado a conocer las maneras y procesos por los cuales puede recibir las respuestas a las peticiones de su corazón. Que cada uno de ustedes pueda preparar su corazón como un vaso de fe y recibir todas las cosas que pida en oración, ¡ruego esto en el nombre de Nuestro Señor Jesucristo!

Mensaje 8

La lengua del mudo cantará de gozo

Jesús sana a un sordomudo

Ejemplos de cómo Dios sana a personas que sufren de sordera
en la Iglesia Manmin

Personas con sordera de nacimiento son sanadas

En el Festival de Oración por Sanidad y Milagros realizado en India
en el año 2002, Jennifer dejó de usar su audífono de oído

Para experimentar el poder
que hace posible que el mudo hable y que el sordo escuche

Marcos 7:31-37

Volviendo a salir de la región de Tiro,
vino por Sidón al mar de Galilea,
pasando por la región de Decápolis.
Y le trajeron un sordo y tartamudo,
y le rogaron que le pusiera la mano encima.
Y tomándole aparte de la gente,
metió los dedos en las orejas de él,
y escupiendo, tocó su lengua;
y levantando los ojos al cielo, gimió,
y le dijo: Efata, es decir: Sé abierto.
Al momento fueron abiertos sus oídos,
y se desató la ligadura de su lengua,
y hablaba bien.
Y les mandó que no lo dijesen a nadie;
pero cuanto más les mandaba,
tanto más y más lo divulgaban.
Y en gran manera se maravillaban, diciendo:
bien lo ha hecho todo; hace a los sordos oír,
y a los mudos hablar.

En Mateo 4:23-24 encontramos lo siguiente:

"Y recorrió Jesús toda Galilea, enseñando en las sinagogas de ellos, y predicando el evangelio del reino, y sanando toda enfermedad y toda dolencia en el pueblo. Y se difundió su fama por toda Siria; y le trajeron todos los que tenían dolencias, los afligidos por diversas enfermedades y tormentos, los endemoniados, lunáticos y paralíticos; y los sanó".

Jesús no sólo predicaba la palabra de Dios y las buenas nuevas del reino, sino que también sanó a muchas personas que sufrían de diversas enfermedades. Al sanar enfermedades para las cuales la capacidad humana era inútil, la palabra que Jesús proclamaba quedaba grabada en los corazones de las personas, y por esta fe alcanzaron la salvación y vida eterna.

Jesús sana a un sordomudo

El libro de Marcos capítulo 7 narra la historia cuando Jesús viajó de Tiro a Sidón, y desde allí al Mar de Galilea y a la región de Decápolis, y sanó a un hombre sordo y mudo, lo que quiere decir que este hombre balbuceaba palabras y no podía hablar correctamente. El hombre mencionado en este pasaje probablemente aprendió a hablar cuando era niño, pero luego perdió la capacidad auditiva, y ya no podía hablar. En general, el término 'sordomudo' se refiere a alguien que no ha aprendido a comunicarse en su idioma debido a su incapacidad de escuchar, mientras que el término médico 'bradiacusia' se refiere a la dificultad para escuchar. Hay varias maneras en las que alguien puede quedar sordomudo. La primera causa es hereditaria. En el segundo caso, uno nace sordomudo si la madre sufre de rubéola (o también conocida como 'rubéola alemana') o por tomar medicamentos no prescritos por el médico durante el embarazo. En el tercer caso, si al niño se le diagnostica meningitis a los tres o cuatro años, que es la edad en la que un niño aprende a hablar, este puede quedar sordomudo. En el caso de la bradiacusia, si el tímpano ha sido afectado, existen audífonos especiales que pueden mejorar la capacidad auditiva. Pero, si el nervio auditivo está dañado, ningún audífono de ayuda auditiva será útil ya que esto produciría un daño irremediable. Para los otros casos en los que una persona trabaja en un ambiente muy ruidoso o cuando el oído se debilita con el paso de los años, no existe ningún tratamiento eficaz.

Además, uno puede quedar sordo o mudo a causa de una posesión demoníaca. En tal caso, cuando un creyente con autoridad espiritual echa fuera los espíritus malignos, la persona podrá escuchar y hablar inmediatamente. En Marcos 9:25-27, cuando Jesús reprendió a un espíritu maligno en un niño que no podía hablar, diciendo: *"Espíritu mudo y sordo, yo te mando, sal de él, y no entres más en él"* (vers. 25), el niño fue libre del espíritu maligno inmediatamente y recobró el habla.

Usted debe creer que cuando el poder de Dios obra en su cuerpo, ninguna enfermedad o incapacidad física le será un problema o causa de temor. Por esta razón es que en Jeremías 32:27 Dios dice: *"He aquí que yo soy Jehová, Dios de toda carne; ¿habrá algo que sea difícil para mí?"* También en Salmos 100:3 se nos insta a: *"Reconoced que Jehová es Dios; El nos hizo, y no nosotros a nosotros mismos; pueblo suyo somos, y ovejas de su prado"*. Y en Salmos 94:9 nos recuerda: *"El que hizo el oído, ¿no oirá? El que formó el ojo, ¿no verá?"* Si creemos de todo corazón en el Omnipotente Dios Padre quien formó nuestros oídos y ojos, todas las cosas serán posibles. Por esta misma razón es que para Jesús, quien vino a la Tierra en carne, no había nada que fuera imposible. Como leemos en el evangelio de Marcos 7, cuando Jesús sanó al hombre sordo y mudo, sus oídos fueron abiertos y pudo hablar normalmente.

Cuando no sólo nos limitamos a creer en Jesucristo sino también pedimos el poder de Dios con una fe que ha alcanzado la madurez, las mismas obras de poder registradas en la Biblia ocurrirán también hoy. Sobre este tema, Hebreos 13:8 nos dice: *"Jesucristo es el mismo ayer, y hoy, y por los siglos"*, mientras que Efesios 4:13 nos recuerda que tenemos que *"lleguemos a la unidad de la fe y del conocimiento del Hijo de Dios, a un varón perfecto, a la medida de la estatura de la plenitud de Cristo"*.

Sin embargo, los órganos que han sufrido daños irreversibles o la sordera y el mutismo ocasionados por la muerte de las células nerviosas, no pueden ser sanados por el don de sanidad. La sanidad sólo se produce cuando alguien, quien ha alcanzado la medida perfecta de la plenitud de Jesucristo, recibe el poder y la autoridad de Dios y ora de acuerdo a la voluntad de Dios.

Ejemplos de cómo Dios sana a personas que sufren de sordera en la Iglesia Manmin

He visto muchos casos en los que personas que tenían dificultad para oír (enfermedad conocida como 'Bradiacusia') fueron sanadas, y muchas otras personas que nacieron sin la capacidad auditiva llegaron a escuchar por primera vez. Como ejemplos, mencionaré a dos personas de 55 y 57 años respectivamente quienes pudieron escuchar por primera vez.

En septiembre del año 2000, cuando llevé a cabo una gran

*"Con las vidas
que nos has concedido,
caminaremos
en la Tierra
y sólo en Ti espera...
Con mi alma que queda limpia
como el cristal...
me acerco a Ti."*

La Diaconisa Napshim Park da gloria a Dios después
de haber sido sanada de su sordera durante 55 años

Cruzada de Sanidades y Milagros en Nagoya, Japón, trece personas que sufrían con problemas auditivos recibieron sanidad en el momento en que oré por ellas. Estas noticias fueron transmitidas a muchas personas que padecían de sordera en Corea, y muchos de ellos asistieron a la 9na Reunión de Avivamiento Especial de dos semanas en mayo del 2001, recibieron el milagro de sanidad, y glorificaron a Dios en gran manera.

Entre ellos había una mujer de 33 años, que no podía oír ni hablar a causa de un accidente ocurrido a los ocho años de edad. Después de asistir a nuestra iglesia poco antes de la Reunión de Avivamiento del 2001, dispuso su corazón para recibir su sanidad. La mujer asistió a las Reuniones de Oración de Daniel y, al traer a la memoria sus pecados pasados, se humilló ante Dios con un corazón quebrantado. Después de prepararse para la Reunión de Avivamiento con un sincero deseo, asistió a la reunión. Durante el último servicio, cuando oré por los sordomudos poniendo mis manos sobre ellos, no sintió ningún cambio inmediato. No obstante, no se desanimó. Por el contrario, vio cómo las personas que habían recibido sanidad se regocijaban y daban gracias a Dios, y creyó incluso con más convicción que ella también podía ser sanada.

Dios consideró esta actitud como evidencia de su fe y sanó a la mujer poco después de que la Reunión finalizó. He visto la obra del poder de Dios manifestarse incluso después de que la

Reunión había acabado. Además, se hizo una prueba de oído, la cual demostró la completa sanidad en ambos oídos. ¡Aleluya!

Personas con sordera de nacimiento son sanadas

La magnitud de la manifestación del poder de Dios ha aumentado año tras año. En la Cruzada de Sanidad y Milagros en Honduras realizada el año 2002, gran cantidad de personas que habían sido sordomudas pudieron oír y hablar. Cuando la hija del jefe de personal de seguridad fue sanada de su sordera permanente en la cruzada, se sintió muy emocionada y agradecida a Dios.

Uno de los oídos de la niña Madeline Yaimin Bartres, de ocho años de edad, no había crecido a su tamaño normal y poco a poco había perdido la capacidad de oír. Al enterarse de la cruzada, Madeline pidió a su padre que la acompañe. Durante el tiempo de las alabanzas y adoración recibió abundante gracia de parte de Dios, y después que oré por todos los enfermos, ella empezó a escuchar claramente. Puesto que su padre trabajó arduamente en la cruzada, Dios bendijo a su hija en esta manera.

En el Festival de Oración por Sanidad
y Milagros realizado en India en el año 2002,
Jennifer dejó de usar su audífono de oído

Aunque no pudimos llevar la cuenta exacta de todos los grandiosos testimonios de sanidad ocurridos durante y después de la cruzada en India, aun con unos pocos testimonios que hemos escogido no podemos dejar de dar gracias y gloria a Dios. Entre estos casos está la historia de una niña llamada Jennifer, quien había nacido sorda y muda. Un médico sugirió que usara audífonos especiales, los cuales ayudarían a mejorar un poco su capacidad auditiva, pero le advirtió que no podría escuchar perfectamente.

La madre de Jennifer oraba todos los días por la sanidad de su hija durante la cruzada. Ellas se sentaban cerca de uno de los grandes parlantes porque éste no causaba a Jennifer ninguna molestia. En el último día de la cruzada, sin embargo, como había más personas reunidas que los días anteriores, no pudieron encontrar asientos cerca del parlante. Lo que sucedió fue realmente increíble. Tan pronto como terminé la oración por los enfermos desde el púlpito, Jennifer dijo a su madre que el sonido era demasiado fuerte y le pidió que le retire los audífonos. ¡Aleluya!

De acuerdo con los pronósticos médicos realizados antes del milagro, sin los audífonos, Jennifer no percibía ni el sonido más

Jennifer, quien fue sanada de su sordera de nacimiento, y la evaluación de su médico.

CHURCH OF SOUTH INDIA

Phone: 857 11 01
859 23 06

MADRAS DIOCESE

C. S. I. KALYANI MULTI SPECIALITY HOSPITAL

15, Dr. Radhakrishnan Salai, Chennai-600 004. (South India)

Ref. No.

Date 15/10/02

To whom it may concern.

Miss Jennifer aged 5 yrs has been examined by me at CSI Kalyani hospital for her hearing.

After interacting with the child and observing her and after examining this child, I have come to the conclusion that Jennifer has definitely good hearing improvement now than before she was prayed for. Her mothers observation of her child is far more important and the mother has definitely noticed marked improvement in her childs hearing ability. Jennifer hears much better without the hearing aid, responding to her name being called whereas previously she was not, without the aid

Chris...

Medical Officer,
C. S. I. KALYANI GENERAL HOSPITAL

Audiogram Result : Moderate to severe sensori-neural hearing loss i.e 50% - 70% hearing loss. Chennai

fuerte. En otras palabras, Jennifer había perdido el cien por ciento de su capacidad auditiva, pero después de la oración se comprobó que había recuperado aproximadamente el 30 al 50 por ciento de su capacidad auditiva. La siguiente es la evaluación de Jennifer otorgada por su otorrinolaringóloga, Cristina:

Para evaluar la capacidad auditiva de Jennifer, de 5 años de edad, la examiné en el Hospital Multi Especialista C.S.I. de Kalyani. Después de hablar con Jennifer y examinarla, llegué a la conclusión de que su capacidad auditiva había mejorado extraordinariamente después de la oración. La opinión de la madre de Jennifer también es importante. Hizo la misma observación que yo había hecho: el oído de Jennifer había en verdad y mejorado de manera extraordinaria. En este momento, Jennifer puede escuchar bien sin necesidad de audífonos y responde normalmente cuando las personas la llaman por su nombre. Esto no sucedía sin los audífonos antes de recibir la oración.

A aquellos que disponen sus corazones con fe, el poder de Dios les es, sin duda alguna, manifestado. Por supuesto, hay muchos casos en los que la condición física de las personas mejora día a día en la medida en que conducen sus vidas en Cristo fielmente.

Con frecuencia, Dios no da la sanidad completa al instante a aquellos que han sufrido de sordera desde temprana edad. Si pudieran escuchar normalmente en el momento en que son sanados, les sería difícil resistir la intensidad de todos los sonidos a su alrededor. Si las personas perdieran la capacidad auditiva en su adultez, Dios podría sanarlos totalmente al momento porque no necesitarían mucho tiempo para adaptarse a los sonidos. En estos casos, tal vez se sientan un poco confundidos al comienzo, pero después de uno o dos días, todo volverá a la normalidad y se acostumbrarán a su capacidad de escuchar.

En abril del año 2003, durante mi viaje a Dubái en los Emiratos Árabes Unidos, conocí a una mujer de 32 años que había perdido el habla después de sufrir una meningitis cerebral a la edad de dos años. Tan pronto como oré por ella, me dijo muy claramente: "¡Gracias!" En ese momento creí que solamente lo había dicho como una muestra de agradecimiento, pero sus padres luego me dijeron que habían pasado treinta años desde la última vez que su hija había pronunciado esa palabra.

Para experimentar el poder que hace posible que el mudo hable y que el sordo escuche

En el Evangelio de Marcos 7:33-35 leemos lo siguiente:

"Y tomándole aparte de la gente, metió los dedos en

las orejas de él, y escupiendo, tocó su lengua; y
levantando los ojos al cielo, gimió, y le dijo: Efata, es
decir: Sé abierto. Al momento fueron abiertos sus oídos,
y se desató la ligadura de su lengua, y hablaba bien ".

En este caso la palabra hebrea 'Efata' significa 'abrir'. Cuando
Jesús dio la orden con la misma palabra usada en la creación, los
oídos de este hombre fueron abiertos y su lengua fue restaurada.

¿Por qué, entonces, Jesús puso sus dedos en los oídos del
hombre antes de decir la palabra, 'Efata'? Romanos 10:17 nos
dice: *"Así que la fe es por el oír, y el oír, por la palabra de*
Dios ". Ya que este hombre no podía escuchar, le era muy difícil
obtener fe. Además, el hombre no vino a Jesús para recibir sanidad
por su propia voluntad. Por el contrario, fueron otras personas los
que lo llevaron a Jesús. Al colocar sus dedos en los oídos del
hombre, Jesús le ayudó a obtener fe al contacto de sus dedos.

Solamente cuando descubrimos el verdadero significado
espiritual de este pasaje en el cual Jesús manifestó el poder de
Dios, podremos experimentar Su poder. ¿Cuáles son estos pasos
específicos que hemos de seguir?

Primero: debemos poseer la fe necesaria para recibir
sanidad.

Aunque sea poca, la persona que necesita recibir sanidad debe poseer fe. Sin embargo, a diferencia de los tiempos de Jesús y debido al avance de la humanidad, ahora existen muchos medios, tales como el lenguaje por señas, por los cuales incluso las personas con deficiencia auditiva pueden llegar a conocer el evangelio. Desde hace algunos años, todos los mensajes han estado siendo traducidos simultáneamente usando el lenguaje por señas en la Iglesia Manmin. Los primeros mensajes también están siendo traducidos constantemente en el lenguaje por señales a través del Internet.

Además, a través de muchos otros medios, tales como libros, periódicos, revistas, cintas de video y de audio, usted puede obtener fe siempre y cuando tenga la disposición para ello. En cuanto obtiene la fe, usted puede experimentar el poder de Dios. He mencionado varios testimonios con el propósito de ayudarle a obtener fe.

Segundo: debemos recibir el perdón.

¿Por qué Jesús escupió y tocó la lengua del hombre sordomudo después de colocar sus dedos en sus oídos? Espiritualmente, este acto simboliza el bautismo en agua y era necesario para el perdón de los pecados. El bautismo en agua significa que por la palabra de Dios que es como el agua pura, somos purificados de todos nuestros pecados. Para experimentar el poder de Dios, primero uno debe solucionar el problema del pecado. En lugar de limpiar la impureza del pecado de este hombre con agua, Jesús usó su saliva, y por lo tanto este acto simboliza el perdón de este hombre. Isaías 59:1-2 nos dice: *"He aquí que no se ha acortado la mano de Jehová para salvar, ni se ha agravado su oído para oír; pero vuestras iniquidades han hecho división entre vosotros y vuestro Dios, y vuestros pecados han hecho ocultar de vosotros su rostro para no oír"*.

Tal como Dios nos prometió en 2 Crónicas 7:14: *"Si se humillare mi pueblo, sobre el cual mi nombre es invocado, y oraren, y buscaren mi rostro, y se convirtieren de sus malos caminos; entonces yo oiré desde los cielos, y perdonaré sus pecados, y sanaré su tierra";* a fin de recibir las respuestas de parte de Dios, usted debe escudriñar Sus caminos sinceramente, humillarse de corazón y arrepentirse.

¿De qué debemos arrepentirnos ante Dios?

Primero: usted debe arrepentirse por no haber creído en Dios y no haber aceptado a Jesucristo. En Juan 16:9 Jesús nos dice que el Espíritu Santo convencerá al mundo de pecado, por cuanto el mundo no cree en él. Usted debe entender que el hecho de no aceptar al Señor es pecado, y por lo tanto debe creer en el Señor Jesús y en Dios el Padre.

Segundo: si usted no ama a su hermano, debe arrepentirse. 1Juan 4:11 nos dice: *"Amados, si Dios nos ha amado así, nosotros también debemos amarnos unos a otros".* Si su hermano le aborrece, en lugar de odiarlo, usted debe ser tolerante y comprensivo. Usted también debe amar a su enemigo, buscar en primer lugar su bienestar, y pensar y actuar poniéndose en su lugar. Cuando usted tenga la capacidad de amar a toda clase de personas sin excepción, Dios también le mostrará compasión, piedad y la obra de sanidad.

Tercero: si usted ha orado buscando sus propios intereses, debe arrepentirse. Dios no se agrada de aquellos que oran con motivos egoístas. No le responderá. Es más, desde ahora, usted debe empezar a orar de acuerdo a la voluntad de Dios.

Cuarto: si usted ora pero en su corazón hay duda, deber arrepentirse. En Santiago 1:6-7 dice: *"Pero pida con fe, no dudando nada; porque el que duda es semejante a la onda del mar, que es arrastrada por el viento y echada de una parte a otra. No piense, pues, quien tal haga, que recibirá cosa alguna del Señor".* Por lo tanto, cuando oremos, debemos orar con la fe que agrada a Dios. Además, como nos exhorta Hebreos 11:6: *"Sin fe es imposible agradar a Dios",* debe dejar a un lado toda duda y pedir solamente con fe.

Quinto: si usted ha transgredido los mandatos de Dios, debe arrepentirse. Como Jesús nos dice en Juan 14:21 donde leemos: *"El que tiene mis mandamientos, y los guarda, ése es el que me ama; y el que me ama, será amado por mi Padre, y yo le amaré, y me manifestaré a él"*; cuando usted muestra evidencias de su amor a Dios al obedecer Sus mandamientos, puede recibir las respuestas de parte de Él. A veces, los creyentes sufren accidentes de tránsito; esto se debe a que la mayoría de ellos no han guardado el Día del Señor o no han cumplido con el pago de sus diezmos. Puesto que no viven de acuerdo a los principios básicos del cristiano, es decir, guardar los Diez Mandamientos, no pueden estar bajo la protección de Dios. Entre aquellos creyentes que fielmente obedecen Sus mandamientos, hay algunos que sufren accidentes de tránsito por su propio descuido. No obstante, Dios los protege. Si esto sucede, aunque el vehículo quede totalmente destrozado, las personas en el interior salen ilesas, porque Dios los ama y les muestra la evidencia de Su protección y amor.

Además, en muchos casos las personas que nunca han tenido una experiencia personal con Dios son sanadas instantáneamente al recibir la oración. Esto se debe que el solo hecho de haber venido a la iglesia es una clara evidencia de su fe, y Dios obra sanidades y milagros en ellos. Sin embargo, hay personas que tienen fe y el conocimiento de la verdad pero persisten en desobedecer los mandamientos de Dios y no viven de acuerdo con Su Palabra. De este modo, levantan una muralla de división entre ellos y Dios, y como consecuencia no pueden reciben sanidad. La razón por la cual Dios obra grandemente en las personas no creyentes durante las Grandes Cruzadas Unidas internacionales, es porque Él considera como una evidencia de fe el simple hecho de que estas personas, que aunque adoran ídolos, al ser invitados asisten a las cruzadas.

Sexto: si usted no ha sembrado, debe arrepentirse. Gálatas 6:7 nos recuerda: *"Pues todo lo que el hombre sembrare, eso también segará";* para experimentar el poder de Dios, usted primero debe asistir fielmente a los servicios de adoración. Recuerde que cuando usted siembra con su esfuerzo físico, será bendecido con una buena salud, y cuando usted siembra con sus posesiones materiales o dinero, recibirá bendiciones materiales. Por lo tanto, si usted pensaba que iba a cosechar sin haber sembrado, debe arrepentirse de eso.

1 Juan 1:7 nos dice: *"Pero si andamos en luz, como él está en luz, tenemos comunión unos con otros, y la sangre de Jesucristo su Hijo nos limpia de todo pecado".* Además, al aferrarse a la promesa de Dios en 1 Juan 1:9 que dice: *"Si confesamos nuestros pecados, él es fiel y justo para perdonar nuestros pecados, y limpiarnos de toda maldad",* examine su vida pasada, arrepiéntase y camine en la luz.

Ruego en el nombre de nuestro Señor Jesucristo, que usted reciba la gracia de Dios, reciba todas sus peticiones, y por Su poder reciba no sólo las bendiciones de gozar de buena salud sino también las bendiciones en todos los aspectos de su vida. ¡Amén!

Deuteronomio 26:16-19

Jehová tu Dios te manda hoy
que cumplas estos estatutos y decretos;
cuida, pues, de ponerlos por obra
con todo tu corazón y con toda tu alma.
Has declarado solemnemente hoy que Jehová es tu Dios,
y que andarás en sus caminos,
y guardarás sus estatutos,
sus mandamientos y sus decretos,
y que escucharás su voz.
Y Jehová ha declarado hoy que tú eres pueblo suyo,
de su exclusiva posesión, como te lo ha prometido,
para que guardes todos sus mandamientos;
a fin de exaltarte sobre todas las naciones
que hizo, para loor y fama y gloria,
y para que seas un pueblo santo
a Jehová tu Dios,
como Él ha dicho.

Si preguntamos cuál es el mayor amor que existe en el mundo, muchas personas responderían que es el amor de sus padres, especialmente el amor de una madre hacia sus hijos. No obstante, en Isaías 49:15 leemos lo siguiente: *"¿Se olvidará la mujer de lo que dio a luz, para dejar de compadecerse del hijo de su vientre? Aunque olvide ella, yo nunca me olvidaré de ti"*. El abundante amor de Dios es infinitamente mayor que el amor de una madre por sus hijos.

Dios en su grande amor quiere que todas las personas no sólo obtengan la salvación sino también que disfruten la vida eterna, las bendiciones y el gozo en el glorioso Cielo. Por eso es que libra a Sus hijos cuando están en medio de pruebas y aflicciones y anhela concederles todas las peticiones de su corazón. Dios también quiere que cada uno de nosotros lleve una vida de abundantes bendiciones, no sólo en la Tierra sino también en la vida eterna que ha de venir.

Ahora, a través del poder y de las profecías que Dios nos ha concedido en Su amor, estudiaremos detalladamente la providencia de Dios para la Iglesia Central Manmin.

El amor de Dios quiere que todos sean salvos

En 2 Pedro 3:3-4 encontramos la siguiente declaración:

"Sabiendo primero esto, que en los postreros días vendrán burladores, andando según sus propias concupiscencias, y diciendo: ¿Dónde está la promesa de su advenimiento? Porque desde el día en que los padres durmieron, todas las cosas permanecen así como desde el principio de la creación".

Hay muchas personas que no quieren aceptar cuando les anunciamos que estamos viviendo en los últimos tiempos. Estas personas asumen que, como los días transcurren normalmente y las personas siempre nacen y mueren, y puesto que la civilización siempre ha avanzado, la vida en la Tierra va a continuar su curso normal.

Ya que la vida del hombre tiene un principio y un final, de la misma manera, si la historia de la humanidad tiene un principio, ciertamente también tiene un final. Cuando llegue el momento del justo juicio de Dios, todo en el universo llegará a su final. Todas las personas que han vivido desde Adán serán juzgadas. De acuerdo a cómo uno ha vivido en la Tierra, irá al Cielo o al Infierno.

Por una parte, las personas que creen en Jesucristo y viven de acuerdo con la Palabra de Dios, entrarán al Cielo. Por otro lado, las personas que no creyeron a pesar de haber escuchado el evangelio, y los que no vivieron de acuerdo con la Palabra de Dios sino que por el contrario, vivieron en el pecado y la maldad, aunque con sus labios profesaban su fe en el Señor, irán al Infierno. Por esta razón es que Dios quiere que el evangelio se predique en todo el mundo rápidamente, de manera que toda criatura pueda recibir la salvación.

El poder de Dios es manifestado en estos tiempos finales

Esta es la razón más importante por la que Dios ha levantado la Iglesia Central Manmin y manifiesta Su gran poder. A través de la manifestación de Su poder, Dios quiere mostrar evidencias de Su existencia, y dar testimonio a las personas acerca de la realidad del Cielo y del Infierno. Como Jesús nos dijo en Juan 4:48, *"Si no viereis señales y prodigios, no creeréis"*, especialmente en un tiempo en el que el pecado y el mal abundan y la ciencia avanza, las obras del poder que puede derribar los argumentos del pensamiento del hombre son muy necesarias. Por esta razón, en estos últimos tiempos, Dios está capacitando a la Iglesia Manmin y la bendice con Su abundante poder.

Además, el cultivo de la humanidad, el cual Dios ha diseñado, también está llegando a su fin. Hasta que llegue el tiempo de la cosecha de Dios, el poder es una herramienta muy necesaria que puede salvar a todas las personas que tienen la oportunidad de recibir salvación. Solamente con este poder una mayor cantidad de personas pueden ser guiadas a la salvación más efectivamente.

A causa de la constante persecución y aflicción, es muy difícil difundir el evangelio en algunos países alrededor del mundo, y hay muchas personas que aún no han oído hablar del evangelio. Además, incluso entre aquellos que confiesan su fe en el Señor, el número de personas con una fe verdadera no es tan alto como parece. En Lucas 18:8 Jesús nos hace esta pregunta: *"Pero, cuando venga el Hijo del Hombre, ¿hallará fe en la tierra?"* Muchas personas asisten a la iglesia, pero sin mucha diferencia de las personas del mundo, siguen practicando el pecado.

Por el contrario, incluso en países y regiones donde existe gran persecución del cristianismo, cuando las personas empiezan a experimentar las obras del poder de Dios, nace en ellos una fe que no tiene temor a la muerte, y como resultado el evangelio es predicado en todas partes fervorosamente. Las personas que viven en el pecado sin tener una fe verdadera ahora reciben el poder de lo alto para vivir por la palabra de Dios al experimentar personalmente la obra del poder de Dios vivo.

En muchos viajes misioneros al extranjero, he estado en países en donde la ley prohíbe la evangelización y predicación del evangelio y la iglesia es perseguida. He visto personalmente en países como Pakistán y los Emiratos Árabes Unidos, en los cuales el islam predomina, y en un estado predominantemente hindú como la India, que cuando Jesucristo es predicado y se manifiestan evidencias por las cuales las personas pueden creer en el Dios viviente, gran cantidad de personas se convierten a Cristo y obtienen la salvación. Aunque estas personas antes adoraban a los ídolos, en cuanto empiezan a experimentar las obras del poder de Dios, aceptan a Jesucristo sin temor a las prohibiciones legales. Esta es una clara demostración de la gran magnitud del poder de Dios.

Así como un agricultor recoge sus frutos en el tiempo de la cosecha, Dios manifiesta tan maravilloso poder con el propósito de que pueda cosechar todas las almas que han de recibir la salvación en los últimos días.

Señales del fin de los tiempos registradas en la Biblia

Asimismo, por la palabra de Dios registrada en la Biblia, podemos asegurar que el tiempo en el cual vivimos está cerca del fin. Aunque Dios no nos ha señalado una fecha exacta del tiempo del fin, nos ha dado señales por las cuales podemos reconocer los tiempos finales. Así como podemos predecir que la lluvia se aproxima cuando las nubes empiezan a agruparse, a través de la manera en la que la historia se desarrolla, las señales en la Biblia nos permiten reconocer los últimos días.

Por ejemplo: en Lucas 21 leemos: *"Y cuando oigáis de guerras y de sediciones, no os alarméis; porque es necesario que estas cosas acontezcan primero; pero el fin no será inmediatamente"* (versículo 9), y *"habrá grandes terremotos, y en diferentes lugares hambres y pestilencias; y habrá terror y grandes señales del cielo"* (versículo 11).

En 2 Timoteo 3:1-5, leemos lo siguiente:

"También debes saber esto: que en los postreros días vendrán tiempos peligrosos. Porque habrá hombres amadores de sí mismos, avaros, vanagloriosos, soberbios, blasfemos, desobedientes a los padres, ingratos, impíos, sin afecto natural, implacables, calumniadores, intemperantes, crueles, aborrecedores de lo bueno, traidores, impetuosos, infatuados, amadores de los deleites más que de Dios, que tendrán apariencia de piedad, pero negarán la eficacia de ella; a éstos evita".

Hay muchos desastres naturales y señales del fin en todo el mundo, y el corazón y la forma de pensar de las personas son cada vez más malvados. Cada semana leo en los periódicos artículos acerca de eventos y accidentes, y el número de estos artículos ha estado aumentando rápidamente. Esto significa que hay muchos desastres, calamidades y maldad en el mundo entero. Sin embargo, estos eventos y accidentes ya no impresionan a las personas como antes. Puesto que constantemente escuchan de esta clase de situaciones, les parece algo normal. A la mayoría de personas no les interesa mucho los brutales asesinatos y crímenes, las devastadoras guerras, los desastres naturales y las víctimas de tales atrocidades y calamidades. Estos eventos aparecen diariamente en los titulares de los periódicos y en las noticias en la televisión. Sin embargo, a menos que se sientan profundamente impactados o les sucedan a otras personas a quienes ellos conocen, para la mayoría de personas tales eventos no son de mucha importancia y pronto quedan en el olvido.

Al ver la manera en la cual la historia se desarrolla, las personas que están alertas espiritualmente y tienen una profunda relación y comunión con Dios proclaman abiertamente que la venida del Señor está muy cerca.

Profecías acerca del fin y de la Providencia de Dios para la Iglesia Central Manmin

A través de las profecías que Dios ha revelado a la Iglesia Manmin, podemos asegurar que efectivamente estamos viviendo los días finales. Desde la fundación de Manmin hasta el día de hoy, Dios ha anunciado los resultados de las elecciones presidenciales y parlamentarias, las muertes de importantes y conocidas personalidades tanto en Corea como en el extranjero, y muchos otros eventos que han ocurrido en la historia del mundo.

En muchas ocasiones he revelado tal información usando mis iniciales en los boletines semanales de la iglesia. Si el contenido era demasiado impresionante, lo compartía solamente con algunas personas. En años recientes, de vez en cuando he dado a conocer desde el púlpito revelaciones acerca de Corea del Norte, los Estados Unidos, y eventos que han de suceder en todo el mundo.

La mayoría de las profecías se han cumplido tal como fueron anunciadas, y las profecías que aún no se han cumplido hablan acerca de eventos que ya están empezando a ocurrir o que están a punto de suceder. Un hecho notable es que la mayoría de las profecías que hablan de eventos que faltan por cumplirse, tienen que ver con los últimos días. Puesto que entre ellas está la providencia de Dios para la Iglesia Central Manmin, explicaremos detalladamente de algunas de estas profecías.

La primera profecía es acerca de las relaciones entre Corea del Sur y del Norte.

Desde su fundación, Dios ha revelado muchas cosas acerca de Corea del Norte a la Iglesia Manmin. Esto se debe a que hemos recibido el llamado de Dios para la evangelización de Corea del Norte en estos días finales. En 1983, Dios nos habló por medio de una profecía acerca de una conferencia entre los líderes de Corea del Norte y Corea del Sur y de sus resultados. Poco después de esta reunión, Corea del Norte abriría sus puertas al mundo temporalmente, pero al poco tiempo las cerraría otra vez. Dios nos dijo que cuando Corea del Norte abra sus puertas, el evangelio de santidad y del poder de Dios entraría en el país y la evangelización comenzaría. Dios nos dijo que recordáramos que la Venida del Señor sería inminente, cuando estos dos países empiecen a expresarse de cierta manera. Puesto que Dios me ha dicho que mantenga en secreto la 'manera en que las dos Coreas se expresarán', aún no puedo divulgar esa información.

Como la mayoría de ustedes saben, una cita cumbre entre los líderes de las dos Coreas se llevó a cabo en el año 2000. Usted probablemente pudo darse cuenta que Corea del Norte, sucumbiendo a la presión internacional, abrió sus puertas en poco tiempo.

La segunda profecía es acerca del llamado a la evangelización del mundo.

Dios ha permitido que la Iglesia Manmin lleve a cabo

cruzadas en el extranjero en las que decenas de miles, cientos de miles, y millones de personas se reunieron, y nos ha dado el privilegio de evangelizar al mundo rápidamente por medio de Su maravilloso poder. Por ejemplo mencionaremos la Cruzada del Espíritu Santo en Uganda, la cual se transmitió a nivel internacional a través de CNN (Cable News Network); la Cruzada de Sanidad en Pakistán, la cual causó un gran impacto en el mundo islámico y abrió puertas para la obra misionera en el Medio Oriente; la Cruzada del Espíritu Santo en Kenia, en donde muchas enfermedades, tales como el SIDA, fueron sanadas; la Cruzada Unida de Sanidad en las Filipinas, en donde el poder de Dios se manifestó grandemente; la Cruzada de Sanidades y Milagros en Honduras, la cual produjo un gran derramamiento del Espíritu Santo; y la Cruzada de Oración por Sanidades y Milagros en la India, el país más grande en el mundo que practica la religión hindú, en donde tres millones de personas se congregaron durante la cruzada que duró cuatro días. Todas estas cruzadas han servido como una conexión a través de la cual la Iglesia Manmin pudo entrar en Israel, su principal objetivo.

De acuerdo a Su maravilloso plan para el cultivo de la humanidad, Dios creó a Adán y Eva, y después que la vida comenzó en la tierra, la humanidad se multiplicó. De entre muchos pueblos, Dios escogió a una nación, Israel, es decir a los descendientes de Jacob. A través de la historia de los israelitas,

Dios quiso revelar su gloria y providencia para el cultivo de la humanidad, no solamente a Israel sino también a todas las naciones del mundo. Por lo tanto, el pueblo de Israel sirve como un ejemplo para el cultivo de la humanidad, y la historia de Israel, la cual Dios mismo controla, no es sólo la historia de una nación sino también es Su mensaje a cada persona en el mundo entero. Además, antes de completar el cultivo de la humanidad que empezó con Adán, es el propósito de Dios que el evangelio llegue a Israel, en donde se originó. Sin embargo, es muy difícil llevar a cabo una reunión cristiana y predicar el evangelio en Israel. Para ello se requiere la manifestación del poder de Dios que puede conmover el Cielo y la Tierra, y la misión dada por Dios a la Iglesia Manmin en los últimos días es cumplir con esta parte de Su providencia.

A través de Jesucristo, Dios ha cumplido la providencia de la salvación de la humanidad, y ha concedido que cualquiera que acepte a Jesús como su Salvador reciba la vida eterna. El pueblo escogido de Dios, es decir Israel, sin embargo, no reconoció a Jesús como el Mesías. Además, incluso hasta el momento en que Sus hijos sean arrebatados en el aire, el pueblo de Israel no habrá comprendido la providencia de la salvación por medio de Jesucristo.

En estos días finales, Dios quiere que el pueblo de Israel se arrepienta y acepte a Jesús como su Salvador de manera que obtenga la salvación. Por esta razón Dios ha permitido que el Evangelio de Santidad llegue y se predique en todo Israel a través de un noble llamado que Él ha dado a la Iglesia Manmin. Ahora que se ha establecido una importante conexión para la obra misionera en Medio Oriente en abril del 2003, de acuerdo con la voluntad de Dios, Manmin hará preparativos específicos para Israel y cumplirá la providencia de Dios.

La tercera profecía es acerca de la construcción del Gran Santuario.

Poco después de la fundación de la Iglesia Manmin, cuando Dios reveló Su providencia para los últimos días, Él puso en nuestros corazones el deseo de construir el Gran Santuario que revelará la gloria de Dios a toda criatura en el mundo entero.

En los tiempos del Antiguo Testamento, era posible ser salvo por obras. Aunque el pecado en el corazón no era erradicado, mientras el pecado no era manifestado exteriormente, cualquiera podía ser salvo. El templo del tiempo del Antiguo Testamento era un lugar en donde las personas adoraban a Dios solamente por obras, como la ley lo ordenaba.

Sin embargo, durante el tiempo del Nuevo Testamento, Jesús vino y cumplió la ley por amor y no por obras, y por nuestra fe en Jesucristo hemos recibido la salvación. El templo que Dios desea para estos tiempos será construido no sólo por obras sino también en el corazón. Este templo ha de ser construido por los verdaderos hijos de Dios quienes con un corazón santificado y por amor e Él se han apartado del pecado. Por esta razón Dios permitió que el templo del antiguo Testamento fuera destruido porque anhelaba que un nuevo templo con un verdadero significado espiritual sea construido.

Por lo tanto, aquellos que han de construir el Gran Santuario deben ser personas a quienes Dios considere apropiadas. Deben ser aquellos hijos de Dios que han circuncidado sus corazones, tienen un corazón santo y limpio, y llenos de fe, esperanza, y amor. Cuando Dios vea el Gran Santuario construido por sus hijos santificados, estará complacido no solamente por la apariencia del edificio. Por el contrario, por medio del Gran Santuario, recordará el proceso por el cual el Santuario fue construido, y recordará a cada uno de sus verdaderos hijos que son el fruto de sus lágrimas, sacrificio y paciencia.

El Gran Santuario contiene un gran significado. Servirá como un monumento para el cultivo de la humanidad y como un símbolo del agrado de Dios después de cosechar buenos frutos. Está siendo construido en los últimos días porque es un proyecto de edificio monumental que revelará la gloria de Dios a todas las personas en el mundo. Con 600 metros de diámetro (casi 1970 pies) y setenta metros (230 pies) de altura, el Gran Santuario es un enorme edificio que estará hecho de toda clase de hermosos, singulares y preciados materiales, y en cada parte de su estructura y decoración, la gloria de la Nueva Jerusalén, la creación de seis días, y el poder de Dios estará incrustado. Mirar al Gran Santuario solamente será suficiente para causar que las personas sientan la majestad y la gloria de Dios. Incluso los que no son creyentes se asombrarán al verlo y reconocerán Su grandeza y hermosura.

Finalmente, construir el Gran Santuario representa la preparación de un arca donde muchas almas han de recibir salvación. En los últimos días cuando el pecado y el mal abundan, tal como en los días de Noé, las personas que han sido evangelizadas por los hijos de Dios, a las que Él considere apropiadas y se acerquen al Gran Santuario para creer en Él, podrán recibir salvación. Gran cantidad de personas escucharán las nuevas de la gloria y el poder de Dios, y vendrán y lo verán con sus propios ojos. Cuando vengan, incontables evidencias del poder de Dios serán presentadas. También aprenderán los secretos del reino espiritual y conocerán la voluntad de Dios la cual trata de obtener verdaderos hijos que tendrán Su propia imagen.

El Gran Santuario servirá como el centro de la fase final de la predicación del evangelio en todo el mundo antes de la segunda venida de nuestro Señor. Además, Dios ha dicho a Manmin que cuando llegue el tiempo de la construcción del Gran Santuario,

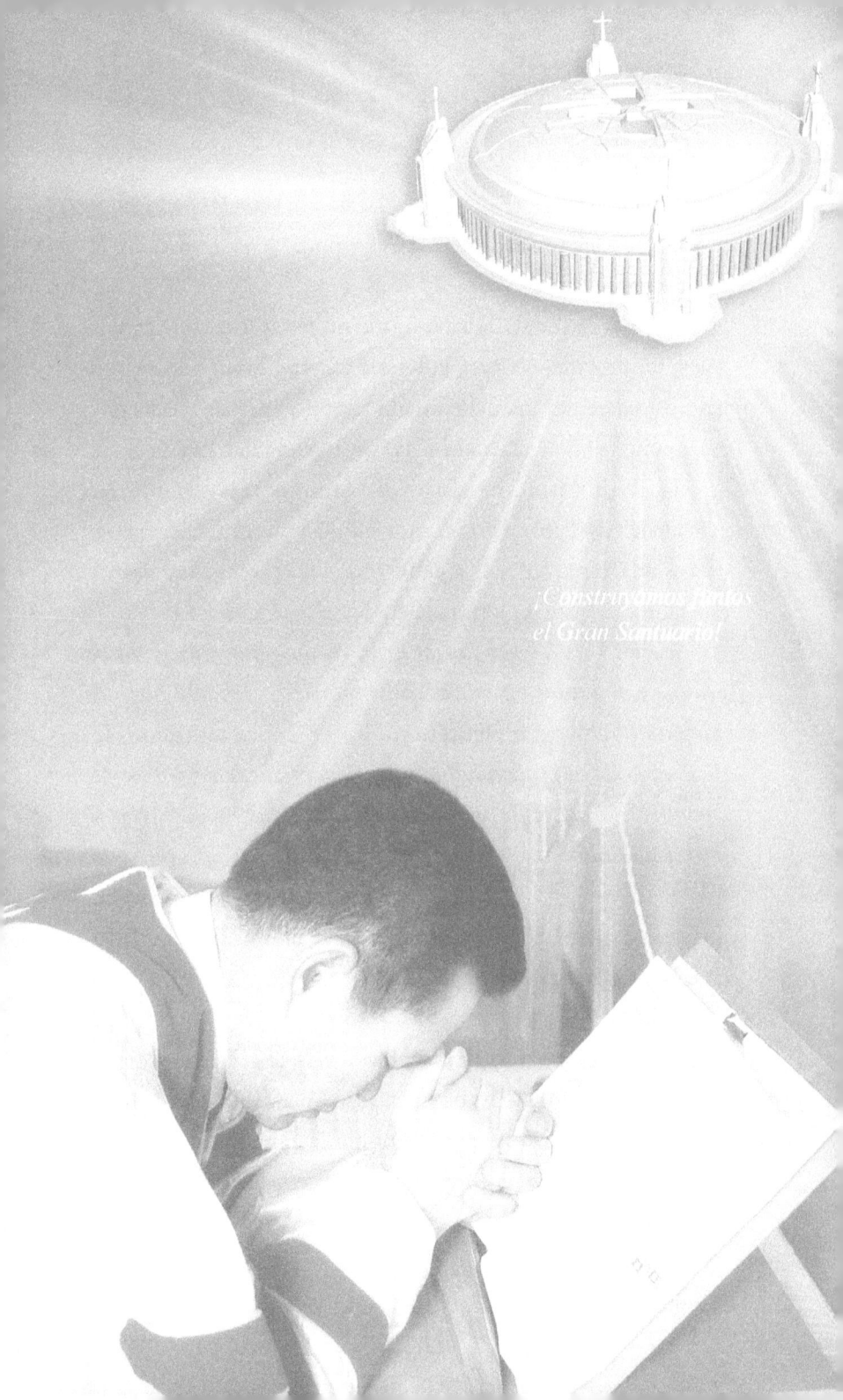

¡Construyamos Juntos
el Gran Santuario!

traería a reyes y personas de riqueza y poder para ayudar con la construcción.

De su fundación, Dios ha revelado profecías sobre los últimos días y Su providencia para la Iglesia Central Manmin. Incluso hasta el día de hoy, ha manifestado el poder siempre creciente y está cumpliendo Su Palabra. Durante toda la historia de la iglesia, Dios mismo ha guiado a Manmin para cumplir Su providencia. Además, hasta el momento en que el Señor regrese, nos ayudará para llevar a cabo todas las tareas que nos ha asignado y revelará la gloria del Señor a todo el mundo.

En Juan 14:11, Jesús nos dice: *"Creedme que yo soy en el Padre, y el Padre en mí; de otra manera, creedme por las mismas obras"*. En Deuteronomio 18:22, encontramos lo siguiente: *"Si el profeta hablare en nombre de Jehová, y no se cumpliere lo que dijo, ni aconteciere, es palabra que Jehová no ha hablado; con presunción la habló el tal profeta; no tengas temor de él"*. Espero que usted entienda la providencia de Dios a través del poder y las profecías manifestadas y reveladas en la Iglesia Central Manmin.

Al llevar a cabo Su providencia a través de la Iglesia Central Manmin para los últimos días, Dios no dio a Manmin el avivamiento y el poder de la noche a la mañana. Nos ha preparado durante más de veinte años. Del mismo modo en que se escala una montaña alta y empinada y se navega a través de las fuertes olas en el embravecido mar, Él nos ha guiado repetidamente a través de las pruebas y, por medio de personas que han pasado esas pruebas con su fe firme, ha preparado un vaso que pueda alcanzar la evangelización del mundo.

Esto también se aplica a cada uno de ustedes. La fe por la cual uno puede entrar a la Nueva Jerusalén no se desarrolla o crece de la noche a la mañana; usted debe estar siempre despierto y preparado para el día en que nuestro Señor regrese. Sobre todo, derribe todas las murallas del pecado y, con una fe firme y ardiente, marche hacia el Cielo. Cuando usted camine con esta clase de firme determinación, sin duda alguna, Dios le bendecirá en todos sus caminos y le concederá las peticiones de su corazón. Además, Dios le dará la capacidad y autoridad espiritual por medio de la cual usted podrá ser usado como Su valioso vaso para cumplir Su providencia en los últimos días.

Que cada uno de ustedes esté firme en su ardiente fe hasta que el Señor regrese y se reúna otra vez en el Cielo eterno y en la ciudad de la Nueva Jerusalén, ¡ruego en el nombre de nuestro Señor Jesucristo!

ACERCA DEL AUTOR:
Dr. Jaerock Lee

El Rev. Dr. Jaerock Lee nació en 1943 en Muan, Provincia de Jeonnam, República de Corea. A sus veinte años, él padeció de una serie de enfermedades incurables durante siete años, y al no tener ninguna esperanza de recuperación, él esperaba únicamente la muerte. Cierto día, durante la primavera de 1974, fue invitado por su hermana a una iglesia, y cuando se inclinó para orar, el Dios vivo inmediatamente lo sanó de todas sus enfermedades.

Desde el momento en que el Rev. Dr. Lee conoció a Dios a través de aquella experiencia maravillosa, él ha amado a Dios con todo su corazón y sinceridad. En 1978 él recibió el llamado a ser un siervo de Dios. Clamó fervientemente a fin de entender con claridad la voluntad de Dios y llevarla a cabo por completo, y obedeció a cabalidad la Palabra de Dios. En 1982 fundó la Iglesia Central Manmin en Seúl, Corea del Sur, e innumerables obras de Dios, incluyendo sanidades o prodigios milagrosos, han tomado lugar en la iglesia.

En 1986 el Rev. Dr. Lee fue ordenado como pastor en la Asamblea Anual de la Iglesia de Jesús de Sungkyul de Corea, y cuatro años más tarde sus sermones empezaron a ser transmitidos en Australia, Rusia, las Filipinas, y otros lugares a través de la Compañía de Radiodifusión del Lejano Oriente, la Estación de Radiodifusión de Asia, y el Sistema Radial Cristiano de Washington.

Luego de transcurridos tres años, en 1993, la Iglesia Central Manmin fue denominada por la Revista Christian World de EE. UU. como una de las '50 Iglesias Principales del Mundo'. El mismo año el Dr. Lee obtuvo un Doctorado Honorario en Teología en Christian Faith College, Florida, EE. UU., y en 1996 obtuvo un Ph.D. en Ministerio en el Seminario Teológico de Kingsway en Iowa, EE. UU.

Desde 1993, el Rev. Dr. Lee ha tomado la batuta en el área de las misiones mundiales a través de cruzadas evangelísticas internacionales en los Estados Unidos (Nueva York, Los Ángeles, Baltimore, Hawái), Tanzania,

Argentina, Uganda, Japón, Pakistán, Kenia, las Filipinas, Honduras, India, Rusia, Alemania, Perú, República Democrática de Congo e Israel. En el año 2002 los principales diarios cristianos de Corea lo nombraron 'el Pastor mundial' por su labor en varias Grandes Cruzadas Unidas internacionales. Hasta Abril de 2012, la Iglesia Central Manmin cuenta con una congregación de más de 120.000 miembros; tiene 10.000 iglesias filiales locales e internacionales en el mundo entero, más de 129 misioneros que han sido comisionados a 23 países, entre ellos los Estados Unidos, Rusia, Alemania, Canadá, Japón, China, Francia, India, Kenia, y muchos más.

Hasta la fecha de esta publicación, el Dr. Lee ha escrito 64 libros, incluyendo algunos en lista de superventas de librería tales como GOZANDO DE LA VIDA FRENTE A LA MUERTE, MI VIDA MI FE I y II, EL MENSAJE DE LA CRUZ, LA MEDIDA DE FE, CIELO I y II, INFIERNO, y EL PODER DE DIOS. Sus obras han sido traducidas a más de 73 idiomas.

Sus editoriales cristianos se publican en los diarios *The Hankook Ilbo, The Chosun Ilbo, The JoongAng Daily, The Dong-A Ilbo, The Munhwa Ilbo, The Seoul Shinmun, The Kyunghyang Shinmun, The Hankyoreh Shinmun, The Korea Economic Daily, The Korea Herald, The Shisa News,* y *The Christian Press.*

El Dr. Lee es actualmente el líder de muchas organizaciones y asociaciones misioneras, entre ellas: Presidente de la Iglesia de la Santidad Unida de Jesucristo, Presidente de la Misión Mundial Manmin, Presidente vitalicio de la Asociación de Avivamiento y Misiones Cristianas Mundiales, Fundador y Presidente de la Junta de la Red Cristiana Mundial (GCN por sus siglas en inglés), Fundador y Presidente de la Junta de la Red Mundial de Médicos Cristianos (WCDN por sus siglas en inglés), y Fundador y Presidente de la Junta del Seminario Internacional Manmin (MIS por sus siglas in inglés).

CIELO I & II

Una descripción detallada del maravilloso y vívido ambiente que los ciudadanos del Cielo disfrutarán en los cinco niveles del Reino de los Cielos, además de una hermosa descripción de cada uno de ellos.

EL MENSAJE DE LA CRUZ

Un poderoso mensaje de avivamiento para todos aquellos que están espiritualmente adormecidos. En este libro encontrará la razón por la que Jesús es el único Salvador y es el verdadero amor de Dios.

INFIERNO

Un sincero y ferviente mensaje de Dios para toda la humanidad. ¡Dios desea que ningún alma caiga en las profundidades del infierno! Usted descubrirá una descripción nunca antes revelada de la cruel realidad del Hades y del Infierno.

MI VIDA, MI FE I & II

La autobiografía del Dr. Jaerock Lee proporciona un fragante aroma espiritual a los lectores a través de su vida extraída del amor de Dios que brotó en medio de olas oscuras, un yugo frío y la mayor desesperación.

LA MEDIDA DE FE

¿Qué tipo de lugar celestial y qué tipo de corona y recompensas están preparadas para usted en el Cielo? Este libro proporciona la sabiduría y guía para que usted mida su fe y cultive una fe mejor y más madura.

www.ingramcontent.com/pod-product-compliance
Lightning Source LLC
Chambersburg PA
CBHW020242130626
46549CB00005B/2011